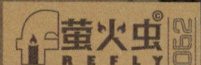

VICTORY IN THE DESERT
二战北非战场
智取沙漠之狐

[英] 查尔斯·金杰 / 编著　　殷　星 / 译

中国画报出版社·北京

图书在版编目（CIP）数据

二战北非战场：智取沙漠之狐 /（英）查尔斯·金杰编著；殷星译. -- 北京：中国画报出版社，2025.3. -- ISBN 978-7-5146-2468-7

Ⅰ.E195.2

中国国家版本馆CIP数据核字第2024449BA1号

Articles in this issue are translated or reproduced from History of War Victory in the Desert First Edition and are the copyright of or licensed to Future Publishing Limited, a Future plc group company, UK 2023.

北京市版权局著作权合同登记号：01-2024-4184

二战北非战场：智取沙漠之狐
[英]查尔斯·金杰　编著　　殷星　译

出 版 人：方允仲
责任编辑：李　媛
内文排版：赵艳超
责任印制：焦　洋

出版发行：中国画报出版社
地　　址：中国北京市海淀区车公庄西路33号　邮　编：100048
发 行 部：010-88417418　010-68414683（传真）
总编室兼传真：010-88417359　版权部：010-88417359

开　　本：16开（787mm×1092mm）
印　　张：11
字　　数：202千字
版　　次：2025年3月第1版　2025年3月第1次印刷
印　　刷：北京汇瑞嘉合文化发展有限公司
书　　号：978-7-5146-2468-7
定　　价：70.00元

  1940年6月10日至1943年5月13日,在干旱的北非,盟军(主要包括英国、美国、澳大利亚等国的军队)与轴心国部队进行了多轮激烈的战斗,轴心国惨败,盟军也付出了高昂的代价。然而,事实证明,西部沙漠战役、火炬行动和突尼斯战役的胜利,对第二次世界大战的结果至关重要,通过智取以狡猾著称的"沙漠之狐"埃尔温·隆美尔,盟军才得以长驱直入地中海地区,导致意大利的溃败。这是一个关于英国、美国和英联邦军队如何在沙漠中取得最终胜利的故事。

目录

- 006　入侵非洲
- 012　战役拉开帷幕
- 025　罗盘行动
- 034　非洲军团
- 042　"沙漠之狐"隆美尔
- 046　战斗愈演愈烈
  - 049　托布鲁克围城
  - 057　盟军反攻之始
  - 065　解除围困
  - 074　盟军撤退
- 086　第一次阿拉曼战役
- 094　第二次阿拉曼战役
  - 096　轻装上阵
  - 110　两将角力
  - 121　盟军取得胜利
- 128　美军抵达
  - 130　策划火炬行动
  - 137　在卡萨布兰卡、阿尔及尔和奥兰登陆
  - 144　火炬行动之后：战果和余波
- 149　冲向突尼斯
- 154　艰难的战役
- 158　西迪布济德战役和卡塞林山口战役
- 164　盟军占上风
- 172　胜利之后

入侵非洲

1941年，墨索里尼的意大利侵略军团面临溃败，为挽救这一局面，希特勒向的黎波里派遣了他新组建的非洲军团。

英联邦部队与美军联合发动火炬行动,进入突尼斯,追击轴心国军队。

如果能够在北非战场取得胜利，盟军将可以通过地中海，攻入意大利。

战役
拉开帷幕

蒙哥马利在阿拉曼的胜利是第二次世界大战的关键事件。丘吉尔有个著名的论断:"在阿拉曼之前,我们从未取得过胜利。在阿拉曼之后,我们从未失败过。"这句话前面经常有一个被忽视的限定词:"几乎可以说",因为这场战役或许并非像他所评价的那样"关键"。

但它无疑是一个转折点。第二次阿拉曼战役最终使隆美尔的非洲军团遁逃,又过了六个月,整个沙漠战役完全结束。北非的战事总共持续了近三年,是英国在整个第二次世界大战中经历的最长的陆地战役,其代价是惨重的:近3.55万名英国和英联邦军队士兵阵亡,2万名自由法国士兵牺牲、受伤或失踪,美方有2700多人殒命、约1.55万人受伤或失踪。

一飞冲天:1943年4月,加拿大皇家空军飞越突尼斯沙漠,为盟军轰炸机提供掩护

盟军将在北非陷入三年连续的鏖战，这条新战线的胜利到底有多关键？

联合的力量：1943年5月，盟军在非洲突尼斯前线俘虏的轴心国战俘

近距离观察：北非，20世纪40年代中期。小乔治·史密斯·巴顿（1885—1945），美国第2军团指挥，正在用望远镜观察阵地

后来，一些历史学家认为，北非战役不过是"二战"中的插曲，牵扯了不必要的注意力，只助力了宣传，其实对推进同盟国的整体战争目标几乎没有什么帮助，浪费了资源，而这些资源本可以在欧洲战场得到更好的利用。但大多数历史学家都认同纳粹德国在北非造成了威胁。如果隆美尔取得胜利，侵占了英国控制的领土，进而挺进埃及以及其他地区，苏伊士运河就会落入他们之手，从而导致盟军无法从中东获得重要的石油供给。

更危险的是，德国可能会从北方突破，要么穿过保加利亚、希腊和土耳其，要么穿过苏联到达黑海东部，向西横扫埃及。如果德国部队与从利比亚向东移动的隆美尔的非洲军团成功会合，那么地中海将由德国主导，中东石油对盟军西部战场的供应将被切断。如果当时希特勒更具战略眼光，而不是执迷于击败苏联，这很可能就会发生。

石油供应的重要性是显而易见的。汽油是现代机械化军队的生命线，中东石油对盟军的战事至关重要。地中海和苏伊士运河也同样重要：因其可以连接英国的亚洲领地，为盟国开辟另一条补给通道。因此，若盟军在北非战败，可能导致欧洲战场的灾难性后果。

非洲战场烽火之源

第二次世界大战北非战役的起始时间可以追溯到1935年，当时墨索里尼从意大利的海外殖民地——意大利索马里兰，入侵埃塞俄比亚。埃及感受到意大利帝国主义侵略性的威胁，因此允许英国在本国驻扎一支庞大的军队。英国和法国同意共同保护地中海地区，前者在埃及亚历山大港设有海军基地。意大利的海军基地主要位于意大利南部的塔兰托，空军基地设在西西里岛和撒丁岛。但一旦发生战争，意大利将何去何从？

直到第二次世界大战爆发，意大利的态度也仍不明朗。如果它保持中立，盟军在地中海的航运将不会受到干扰，但如果它与德国为伍，航道将面临关闭的风险。1939年9月，德国入侵波兰，第二次世界大战全面爆发，意大利仍按兵不动。但当德国于1940年5月入侵法国时，一直渴望在世界舞台上占据一席之地的墨索里尼，宣布向法国和英国开战。

纳粹德国的一个广为流传的笑话讽刺了意大利对战争走势的影响。玩笑说，陆军元帅威廉·凯特尔向希特勒报告："元首，意大利已经加入了战争。"希特勒回答："派两个师去，对付他们足够了。""不，我的元首，"凯特尔说，"（意大利）不是反对我们，而是支持我们。"希特勒回答："那可不一样了，（有他们拖累我们）我们得派十个师。"

早在1936年，一位女士问陆军元帅维尔纳·冯·布隆伯格谁将赢得下一场战争，据说他的回答是："我无法告诉你结果。我只能确认一件事：意大利支持谁，谁就注定失败。"

鲜为人知的画面：1940年7月26日，英国第11轻骑兵团军官在利比亚边境巡逻时乘凉

喜欢也好，不喜欢也罢。1940年6月10日，墨索里尼率领意大利加入了德国阵营，向英国和法国宣战，并任命自己为武装部队最高司令。这位意大利独裁者有着一种近乎狂热的征服冲动，并痴迷于将意大利变成他所希望的世界强国，但他的热情并没有得到意大利人民的共鸣。令墨索里尼沮丧的是，意大利驻北非军队不愿离开其所在的利比亚基地，而国内人民对这场战争也没表现出什么兴趣。

墨索里尼在宣战的那天晚上，在罗马向民众发表讲话。"参与革命的黑衫军成员们，"他喊道，"意大利帝国的人民啊，命运的钟声正在我们国家的天空中敲响。这是无法逆转的决定性时刻。我们正在与那些西方财阀和反动的民主国家战斗，他们总是阻碍进步，经常密谋反对意大利人民。我们将征服他们。意大利人民，拿起武器，展示你们的勇气、毅力和价值。"

阴郁的气氛

法西斯的追随者们自然报以欢呼，但在罗马的其他地方，人们对这一消息的反应却不那么热烈。根据历史学家克里斯托弗·希伯特的说法，"一种阴郁的气氛笼罩着这座城市。"正如意大利撒丁岛机械化旅的保罗·考拉西奇中尉所说："我们（意大利）在1940年还没有准备好参战。这是墨索里尼个人的政治举动，他觉得希特勒胜得太快了，如果他（墨索里尼）再不做出某种姿态，就会丧失坐在谈判桌前的机会。"

意大利还是加入了战争。意大利在利比亚部署了两支军队，第5军的九个师位于的黎波里塔尼亚，直面在突尼斯的法军；第10军的五个师则在埃及与英国和英联邦部队对峙。尽管驻扎在埃及的英国守备部队被要求采取非挑衅性的防御措施，但在6月11日，其对意大利在利比亚的阵地进行了一系列突袭。结果显而易见——意大利军队毫无准备。

根据丘吉尔的回忆，"在战争爆发后不到24小时，第11轻骑兵团就越过边境，出其不意地俘虏了意大利人——他们还没得到已经宣战的消息。"第11轻骑兵团的绰号是"樱桃采摘者"，他们隶属于第7装甲师"沙漠之鼠"。6月14日，第11轻骑兵团攻占了利比亚/埃及边境附近的卡普佐要塞和马达莱纳要塞，俘虏了220人。这场胜利得益于第1皇家坦克团的协助，以及第33中队格罗斯特"角斗士"战斗机和第211中队布伦海姆轰炸机的空中掩护。两天后，第11轻骑兵团的"C"中队偶然发现两支意大利增援纵队正向卡普佐要塞进发。这两支意军队伍共有29辆轻型坦克、300名步兵和30辆辎重车。在短暂小规模对战中，几辆意大利坦克被击毁。之后意大利部队排成方阵，火炮镇守四角，步兵分布在两侧，剩余的12辆轻型坦克则分列两翼。随后意军坦克向英军混合装甲部队发起攻击，但都悉数被英军摧毁，意军坦克指挥官达万佐上校阵亡，英军无一伤亡。这次遭遇战被称为杰尔巴之战，是沙漠战争中的第一次坦克遭遇战。

简陋的装备

在同一天的另一场遭遇战中，第11轻骑兵团的其他部队俘虏了意大利第10军总工程师罗莫洛·拉斯楚奇将军及其参谋、两名女伴。最重要的是同时缴获了标注清晰的最新地图，上面有巴迪亚防御工事的布局。尽管装备简陋，只配备了陈旧的劳斯莱斯和莫里斯装甲车，但事实证明"樱桃采摘者"在沙漠小规模冲突中表现出色。丘吉尔后来写道："在这场规模虽小但灵活机动的战争中，我们的部队感到自己占尽优势，很快就认为自己是沙漠的主人。在遇到大型建制部队或坚固哨所之前，他们可以随心所欲，从激烈的交战中获得战利品。"6月28日，意大利人又损失了一名重要军官——意大利空军元帅兼利比亚总督伊塔洛·巴尔博乘坐的专机在试图降落在托布鲁克附近的一个空军机场时，误被己方击落。当时英军空袭刚过去几分钟，意大利高射炮手误认为这架飞机是英国人的。

但是，这场刚刚开始的沙漠战争，因1940年6月22日法国的投降而改变了局势。驻扎在的黎波里塔尼亚的意大利第5军被调往东部增援第10军。再加上英国装甲装备日益损耗，中东司令部总司令阿奇博尔德·珀西瓦尔·韦维尔（Archibald Percival Wavell）将军不得不停止突击队的行动，在盟军防线外只进行侦察活动。

墨索里尼命令第10军于8月8日侵入埃及，结果未能实现。因此他向意大利北非总司令兼利比亚总督巴尔博的继任者鲁道夫·格拉齐亚尼元帅发出了一封电报，愤怒地命令他在德军实施"海狮"计划①后立即出击。电报说："入侵大不列颠的行动已经敲定。关于日期，可能在一周内，也可能在一个月内，但在德军第一个排触及英国领土的那一天，你们将发动进攻。我重申，我们没有任何领土目标。这不是要攻占亚历山大里亚或者索伦姆的问题。我只要求你们攻击面对你们的英军。"

继续前进

德国的"海狮"计划破产，但意军入侵埃及的行动于9月8日继续推进。五天后，第10军夺回卡普佐要塞，越过边境进入利比亚，又顺利攻占索伦姆、哈尔法亚山口和西迪巴拉尼。格拉齐亚尼当时极大高估了继续进入埃及的英军兵力，因此认为入侵行动不可行，直到他受到被撤职的威胁，才开始行动。格拉齐亚尼还面临着相当大的后勤问题。他告诉墨索里尼，向他的下一个目标——沿海城镇梅尔萨-马特鲁（Mersa Matruh）推进，至少需要六天时间，因为他的军队基本上没有机动能力，只能徒步行进。而他对机动运输工具的请求也长期得不到答复，所以只能索要600头骡子及其他装备。虽然受到墨索里尼的

---

① 第二次世界大战中德国针对英国制定的作战计划。"二战"开始不久，纳粹德国就盯上了英伦三岛。为尽快征服英国，希特勒亲自拟定了名为"海狮"的行动计划。

▶ 在网中：1940年5月28日，高地轻步兵团（格拉斯哥团）的士兵在梅尔萨－马特鲁的炮位上进行造旧伪装

强烈敦促，但格拉齐亚尼仍然犹豫不决。9月16日，他在埃及西迪巴拉尼以东建立了一条防线，这条防线距离埃及边境线仅仅60英里①，距离英军在梅尔萨-马特鲁的主要防御阵地还差约80英里，距离开罗300英里，距离原定的入侵目标苏伊士运河更是遥不可及。

墨索里尼勃然大怒。10月26日，他给格拉齐亚尼发电报表示："在夺取西迪巴拉尼40天后，我问自己一个问题：这么长时间的停滞到底对谁有利？对我们还是对敌人？我毫不犹豫地回答，这对敌人更有利。现在是时候问问你是否愿意继续当统帅了。"但两天后，意大利对希腊的入侵转移了墨索里尼对北非战场的注意力，格拉齐亚尼获准按照自己的步调计划下一阶段的入侵。

---

① 1英里约为1.6093公里。

◀ 艰难的攀登：英国步兵在埃及梅尔萨-马特鲁的演习中戴着防毒面具前进

罗盘行动

事实证明，盟军的反击让北非的意大利军队付出了惨重的代价，但却没有给他们致命一击……

格拉齐亚尼元帅定于1940年12月向梅尔萨-马特鲁推进，但事态的发展却让他始料未及。9月下旬，盟军西部沙漠部队得到了三个新装甲团的增援。第2皇家坦克团（RTR）装备了一批巡洋坦克，第7皇家坦克团拥有48辆玛蒂尔达坦克，第3轻骑兵团则配备了轻型坦克。由于意大利人已挖好战壕停止前进，于是西部沙漠联军指挥官理查德·奥康纳（Richard O'Connor）将军利用战斗的间隙重组了他的部队，并与其他指挥官一起策划了代号为"罗盘行动"的反击。

雷区导航——
"罗盘行动"规划中

战争期间,英国驻中东武装部队总司令克劳德·奥金莱克(左)将军爵士在阿奇博尔德·韦维尔将军爵士身边查看地图,后者是"罗盘行动"的幕后推手。韦维尔与理查德·奥康纳中将和亨利·梅特兰·威尔逊中将(又称珍宝·威尔逊)一起策划这次行动时,仔细研究了意军在尼贝瓦和图马尔(西部、东部和中部)重兵把守阵地的航拍照片。韦维尔的助手埃里克·多尔曼·史密斯准将制订了一个大胆的计划:意大利人为供给车辆在防御营地的雷区中预留了空地,盟军可以利用这个缺口进行迅速突破。1940年12月9日,英国人执行了这个绝密计划,开启了长达两个月的战役,最终以1900人的伤亡为代价,俘虏了约13.8万名敌军,缴获了大量飞机、大炮和坦克。

长途行军：1940年12月16日，一列意大利战俘从西迪巴拉尼出发

意大利第10军在西迪巴拉尼周围50英里处建立了一系列坚固的营地,容纳了约8万人、120辆坦克和200门火炮,但各个营地间的距离之远令人惊讶。例如,南翼的索法菲营地和它相邻的营地尼贝瓦之间就有20英里。奥康纳后来说:"(意大利人)建设了一系列坚固的外围营地。因为它们相距甚远,无法相互支援,所以我们决定调动部队从他们的后方进行攻击,那是他们的补给通道。"

奥康纳将军的计划是由第7装甲师率领第4印度师和第16英国步兵旅穿过两大阵营之间的空地,从后方攻击尼贝瓦和图马尔的营地,随即包围索法菲的两个营地和马克提拉的一个营地。然后,第7装甲师将向西北方向的布克布克(Buqbuq)发起攻击,而第4印度师将向东北方向的西迪巴拉尼推进,皇家海军将对其进行炮击。这次行动将持续五天左右,从而一次性逐个击破意军营地。

调动如此多的军力穿越70英里的开阔沙漠,去对付规模大得多的敌军,是一件非常冒险的事情。然而,据丘吉尔说:"风险越大,回报越高。我们的先锋部队抵达布克布克海面后,就能切断格拉齐亚尼的军队通信。"

◀ 如释重负:盟军准备从意大利人手中夺取利比亚的巴迪亚海港

在意大利阵地的仿制设施上训练两天后，1940年12月7日，盟军推进了70英里到达他们的初始位置。作为支援，盟军空袭了意大利空军基地，击毁飞机29架。12月9日凌晨5点，盟军向西推进，对尼贝瓦营地进行了长达一小时的炮击。意大利人因此加强了营地东侧的兵力，但却遭到第11印度步兵旅和第7皇家坦克团从西北侧的攻击。上午8时30分，盟军攻下尼贝瓦营地，俘获了2000多名意大利人，他们的指挥官马莱蒂将军被击毙，而盟军仅损失了8名军官和48名士兵。

第4印度师的第5步兵旅随后向图马尔西营和图马尔东营推进。这两个营地在同一天被攻占。

死里逃生

进攻图马尔营地的同时，第7装甲师向北推进到阿齐齐亚，那里的400多名守军投降了。塞尔比准将率领的塞尔比部队（一支1800人的混合部队）占领了马克提拉，并试图封锁敌军向西逃跑的路线，但意大利第1利比亚殖民步兵师还是设法逃脱了陷阱。敌人被打了个措手不及，一个又一个意军营地被攻下。12月10日，第16印度旅和第11旅的部分部队夺取了主要目标西迪巴拉尼。布克布克也被攻占，盟军缴获了大量武器，并俘获了相当数量的俘虏。12月11日，索法菲陷落。同日，第4印度步兵师被调往苏丹，12月14日，奥康纳得到了未经战争考验的第6澳大利亚师作为替补。但这并没有减缓盟军的推进速度。12月16日，盟军已经占领了索伦姆镇。正如意大利中尉保罗·科拉奇奇（Paolo Colacicchi）所说："我们是如何进入埃及的？我们派出了这些庞大的纵队，而又没有足够的坦克保护我们，然后每支部队都驻扎在一个坚固的营地里，这很匪夷所思，是我们成全了奥康纳将军。"

虽然英国装甲部队的可靠性再次因沙尘对坦克履带的影响而打了折扣，但盟军仍然赢得了胜利。正如西部沙漠部队的大卫·贝尔彻姆（David Belchem）将军所解释的那样："奥康纳发动了一次预计持续四天的行动，因为这是可用坦克的极限，它们已经接近耗尽，而且我们的补给在水、燃料和弹药方面也到了极限。我们出其不意，突破到西迪巴拉尼的意大利阵地后方，第二天一早，意大利人的抵抗就完全崩溃了。"

扩大攻势

但行动并未就此结束。贝尔彻姆将军继续说道："奥康纳的伟大成就在于，他利用缴获的车辆以及水和燃料，将这场为期四天的战斗坚持了下来，并演变成了一场持续数周的攻势，最终攻入了班加西，并越过班加西到达了阿盖拉。墨索里尼曾说过，'一千个意大利人死去，我才有资格坐上谈判桌'，但他付出的代价远不止如此。"

战斗一直持续到新年。1941年1月5日，经过三天的交锋，巴迪亚港被攻占。大约3.6万名意军被俘，同时缴获的还有708辆汽车、12辆中型坦克、216门野战炮、大量火炮和反坦克炮，以及一个可以为盟军部队供水的大型泵站。虽然缺乏经验，但澳大利亚部队证明了自己的价值，给美国人留下了深刻印象。《华盛顿先驱时报》刊登了这样的标题："顽强狂野的澳大利亚人称得上世界上最优秀的军队"。经过近两周的围困，托布鲁克在又一场为期三天的战斗后被攻占。进攻于1月21日开始，澳大利亚步兵再次以令人钦佩的战斗力摧毁了意大利人掘壕固守的阵地。当晚，双方提出停火，但率领2.5万人的驻军指挥官佩塔西·马内拉将军被墨索里尼告知要战斗到只剩最后一人。意大利轰炸机前往支援托布鲁克被围困的守军，但却未能缓解马内拉的困境，因为他们本以为轰炸了盟军的一支编队，但其实那里是一个战俘营，被俘的8000名意大利人中有数百人伤亡。1月23日托布鲁克被攻破，附近所有前哨站于次日归于盟军之手。

2月7日，意大利第10军的残部投降。两天后，盟军抵达利比亚阿盖拉。在大约十周的时间里，盟军推进了大约500英里，俘虏了13万名意大利士兵，缴获了400辆坦克和近1300门火炮。盟军阵亡人数不到500人，受伤人数略高于1200人。

但是，尽管奥康纳将军已控制了利比亚首都的黎波里，但他未获准继续推进以彻底解决北非的意军。相反，丘吉尔命令英军停止前进，并将奥康纳的精锐部队调往希腊，后者已经与意大利交战，预计德国很快也会发动攻击。这个决定让奥康纳很不满意。他后来说："我们无法同时攻打的黎波里和希腊。但我们本可以攻下的黎波里，同时在希腊问题上留有余地。如果我们继续推进，我们就能把墨索里尼彻底赶出去。"

▶ 硬石之间：1942 年，西部沙漠中的非洲军团 MG34 组

非洲军团

希特勒派遣了一支由精锐军官领导的小股力量去支援蒙羞的意大利盟友，但这支队伍能否扭转败局？

参战六个月后，意大利军队遭受了前所未有的耻辱。第 10 军几乎全军覆没，北非的领土失守。如果不是盟军转战希腊战场，奥康纳将军可能已经将意大利军队完全逐出非洲大陆。在这危急时刻，希特勒向墨索里尼提供了支援，派遣了一支虽小但机械化程度很高的部队前去增援，这支部队由他的一位最杰出的将领负责指挥。

非洲军团成立于 1941 年 1 月。虽然希特勒认为北非的战略意义不大，但他担心彻底失败会对其意大利盟友造成心理重创。他倾向于将英国及其联邦军队牵制在这一地区，避免他们转移到其他战场。因此，德军根据希特勒的直

接指示组建了一支部队，以增援意军，并为意军提供保护，对抗英国的优势装甲部队。这支部队由两个装甲师（共约 300 辆坦克）、一个步兵团和一个炮兵营组成。他们被派往利比亚首都的黎波里（当时仍由意大利控制），执行任务代号为"向日葵行动"（Operation Sonnenblume），希特勒挑选了他的得力干将之一——埃尔温·隆美尔将军，来指挥这支非洲军团。

战斗精神

隆美尔于 2 月 12 日抵达的黎波里，他的第一支部队于两天后登陆。他接到的命令是增援意大利人，"盯住格拉齐亚尼，确保他不会不战而退到的黎波里。"但隆美尔有非常强的进攻意图，不愿静观其变，部队一抵达就被他派往前线。战士们士气很高，正如非洲军团炮手弗里茨·齐默尔曼所说："我们想要冒险，没人想过会不会送命。我们斗志昂扬。"

第 13 军团

盟军西部沙漠部队（当时已更名为第 13 军团）接到命令，前进步伐不得超过阿盖拉，但隆美尔对此并不知情，以为很快会遭遇到盟军的袭击。他在的黎波里和班加西之间的小港口苏尔特设置了防御工事。第 13 军团的精锐部队被调往希腊，第 7 装甲师被调往尼罗河三角洲，因此盟军兵力大为削弱，而替换他们的部队经验不足、装备落后，但隆美尔本人也缺乏沙漠作战经验。

3 月 13 日，隆美尔在从的黎波里飞往苏尔特的途中遭遇沙暴。尽管隆美尔坚持继续飞行，飞行员还是选择折返，这迫使他换乘了汽车。隆美尔后来写道："现在我们才意识到，我们对这种风暴的威力知之甚少。巨大的红色沙尘团遮住了所有的视线，汽车只能以龟速爬行。我们用手帕捂住脸，痛苦地喘息着，在难以忍受的高温下，汗水沁透了全身。这就是基布利（沙尘暴）。我在心里默默地向飞行员表达了歉意。"

酝酿计划

非洲军团抵达的黎波里开赴前线时，由于利比亚港口提供的设施有限，他们的部署进展缓慢，隆美尔想出了一个狡猾的计划，以欺骗盟军，使其高估他所拥有的坦克数量。隆美尔的副官汉斯·奥托·贝伦特上尉回忆道："1941 年 2、3 月，在的黎波里港，隆美尔对我的朋友、工程师亨特中尉说：'亨特，我听说你能为我造 150 辆坦克。'亨特看起来很困惑。隆美尔对他说：'你们在港口不是有木材，还有一些帆布，可以用于做 150 个坦克罩子吗？所以你可以交付给我 150 辆坦克。'那些假坦克误导了英国人。"

3 月中旬，奥康纳将军因胃病在开罗卧床休息时，第 13 军团遭受挫折。接替他的菲利普·尼姆将军曾在第一次世界大战中获得维多利亚十字勋章，并在 1924 年奥运会上获得步枪射击金牌，但他没有沙漠作战经验。当他的总司令韦维尔将军于 3 月

16日与他会面时,韦维尔"发现尼姆很悲观,要求各种增援,而我还无法提供。他的战术部署简直是疯了。这次会面回来后,我既焦虑又沮丧,但却无能为力"。

沉重打击

3月底,隆美尔的部队还未全数抵达非洲,他就发动了进攻。3月24日,隆美尔充分利用其部队极高的机动性和速度,迅速占领了盟军在阿格希拉的前沿阵地,并继续攻占阿格达比亚,这个位置距离班加西不到一百英里。轴心国部队现兵分三路推进。根据韦维尔的指示,尼姆于4月4日放弃了班加西。同一天,一支主要由意大利人组成的部队进入了该城。

几天后,一辆载有尼姆将军、返回的奥康纳将军和一名准将的参谋车迷了路,撞上了一支德军摩托车部队。奥康纳后来在谈到自己被俘时说:"那就在我们前线后方几英里。我们开进的那片沙漠已有德军的侦察部队。这是个巨大的打击,我从没想过这会发生在我身上。"这对第13军团也是一个沉重的打击。盟军失去了他们最好的将军。

自卑感

到4月中旬,英军和英联邦部队已被迫退回他们的出发地——埃及与利比亚的边境。正如历史学家马丁·基钦教授所解释的那样:"英军武器劣势明显,通信网络不足,空中侦察能力差。最重要的是,他们完全没有利用沙漠为运动战创造条件。如果他们原地不动,就会被敌人碾压或绕过。如果他们移动,通常是为了撤退。"

但有一个重要目标,隆美尔尚没有攻占下来——距离埃及边境93英里的利比亚重要港口托布鲁克仍在盟军手中。

德军在北非的指挥官

埃尔温·隆美尔

埃尔温·隆美尔于1891年出生在德国南部的海登海姆，父亲是前炮兵中尉，家中有五个孩子。

1910年，隆美尔加入符腾堡步兵团。四年后，第一次世界大战爆发，隆美尔被派往意大利、罗马尼亚和法国，作为前线军官出色地完成了任务，但没有在总参谋部任职。

1940年，隆美尔被任命为第7装甲师师长。在闪电征服法国的过程中，他展现出果敢而出色的领导才能。1941年2月，他被任命为非洲军团指挥官，随后取得了一系列惊人的胜利，但最终败给实力更强大的盟军。后来，他受命负责沿海要塞工事"大西洋壁垒"（一系列位于法国北部和斯堪的纳维亚半岛的防御工事）的安全。1944年被迫自杀。

弗里茨·拜尔莱因中校

弗里茨·拜尔莱因曾获得骑士十字勋章（图中可见其衣领上悬挂的勋章），在成为隆美尔的非洲军团参谋长之前，他曾在波兰、法国和苏联作战。德国在非洲的野心受挫后，拜尔莱因负责指挥被包围的第3装甲师。

尽管被包围在乌克兰城市基洛沃格勒，但拜尔莱因成功策划了一次不可能完成的逃亡。在法国，他率领装甲师重演了这一幕——在盟军推进时带领装甲师从法莱斯包围中突围，尽管遭受重创，但幸存了下来，之后投入了英勇但注定失败的阿登战役。

赫尔曼·伯恩哈德·拉马克

　　赫尔曼·伯恩哈德·拉马克是野蛮的战争犯、狂热的纳粹分子。"二战"前，他曾在第一次世界大战期间服役于德国帝国海军。他在佛兰德斯与英军的战斗为他赢得了普鲁士铁十字勋章。

　　1941年，拉马克率领伞兵在克里特岛大开杀戒，之后被调往北非。在北非，他以损失450人的代价率领伞兵旅在全面撤退时冲出英军包围，由此他被授予橡树叶骑士铁十字勋章。后来，他在布列斯特港指挥了一场守卫战，于1944年9月被俘。

"沙漠之狐"隆美尔

埃尔温·隆美尔是谁？这位著名的德国军官在1941年初抵达北非战场时，为这个战场带来了什么？

第一次世界大战期间，埃尔温·隆美尔因其在法国、意大利和罗马尼亚的勇敢和机智迅速赢得赞誉。他从中尉起步，后晋升为中校，在阿尔卑斯军团这一王牌部队中度过了大部分军旅生涯。1914年9月，他在弹药耗尽的情况下孤军对抗三名法国士兵，结果负伤，因此被授予二级铁十字勋章。1915年1月，他带领部下穿过"100码[①]长的铁丝网"，攻占了法军四个地堡，并在法军的反击中守住了这些地堡，被授予一级铁十字勋章。

战争间隙，他在波茨坦担任军事教官。与其他教官不同，他更倾向于让学生们参与讨论，鼓励他们分享对战局的个人见解，而非仅仅教授传统的军事理论。据一名学生回忆，他曾问道："别管（普鲁士军事理论家）克劳塞维茨怎么想，你们怎么想？"20世纪30年代末，他担任希特勒私人卫队的指挥。

1940年2月，他受命指挥第7装甲师。这是他首次指挥装甲部队，他出其不意的机动战术天赋非常适合指挥坦克师。

[①] 1码约为0.9144米。

在1940年5月入侵法国期间，他展示了其对速度和机动性的卓越运用。第7装甲师因行动迅速，常与德军高层失联，因而获得了"幽灵师"的外号。该师还创下了坦克部队单日最远行进纪录——200英里，这支部队也是首批到达英吉利海峡的德军部队。

法国投降之后，第7装甲师被调往巴黎，准备参与入侵英国的"海狮"行动。然而，当该计划显然无法实施时，他以民族英雄的姿态回到了德国，并晋升为中将。此后不久，他被派往北非指挥非洲军团，在那里，他被英国记者赋予了"沙漠之狐"的绰号。

隆美尔将军注重进攻，善于冒险，这使他赢得了己方部队和敌军的尊重。英国第7装甲师的萨姆·布拉德肖中士曾评价说："隆美尔擅长利用各种战况。他经常亲自在前线指挥作战，大多数时间都与他的士兵并肩作战。我们面对的是一支训练有素、装备占优的专业化部队。"

隆美尔的大胆之举不免遭到非议，但他相信，迅速的决策与深思熟虑并不矛盾。他在回忆录中写道："依我之见，敢于决断往往能够带来成功。然而，我们必须明确战术上的果敢与军事上的冒险之别。果敢之举意味着尽管成功无法保证，但即便失败，我们也有充足的力量应对所有可能的后果；而冒险，则是一种可能赢得全局，也可能导致全军覆没的行为。在特定情况下，即使是冒险，也可能是明智之选，比如在失败只是时间问题之时，争取时间毫无价值，唯一的出路就是采取极具风险的行动。"

富有同情心的行为

虽然隆美尔能够承受战争的伤亡，但他绝不允许无谓的牺牲。他常说："战争结束后，德国仍需要人。"他对敌方士兵和无辜的平民都持以诚挚的尊重。他优待战俘，为他们提供充足的食物，非洲军团也因此从未遭受到战争罪的指控。

在法国期间，他拒绝执行希特勒关于驱逐犹太人的命令，也没有遵从处决犹太战俘和被俘突击队员的指令。在建设大西洋壁垒过程中，他坚持支付法国工人应得的工资，反对把他们当作奴隶劳工使用。

在下议院，丘吉尔曾评价隆美尔为"勇敢且富有策略的对手"。给予隆美尔如此高的评价，几乎让丘吉尔受到严厉的谴责。但他并不后悔。他在1949年写道："隆美尔的激情和勇气给我们带来了沉重的打击，但他确实值得我1942年1月对他的致敬。"

侦察：陆军元帅埃尔温·隆美尔在北非，坐在第 15 装甲师吉普车前排

战斗愈演愈烈

到了1941年4月中旬，隆美尔已把盟军的防线逼至托布鲁克以东约100英里处，但港口的守军依然坚守不退，澳大利亚第9师仍在顽强抵抗。该师受莱斯利·莫斯黑德将军指挥，拥有约2.5万名士兵，包括英国和印度的部队。隆美尔并没有计划在此发起攻势，因为他的目标是开罗，他决心继续前进……

匍匐：1941年11月，英国士兵在防守托布鲁克要塞时面对意德炮火的轰击

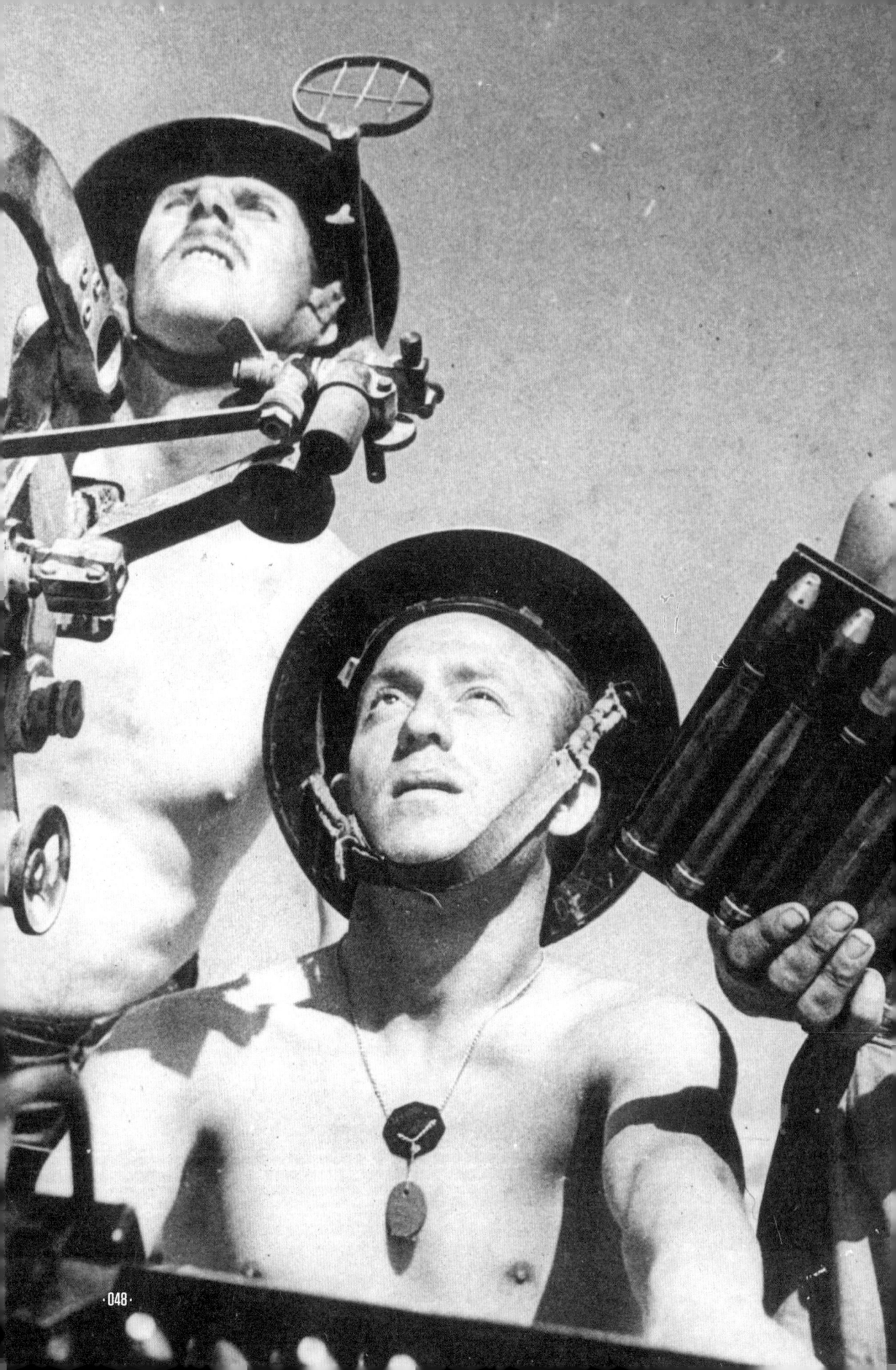

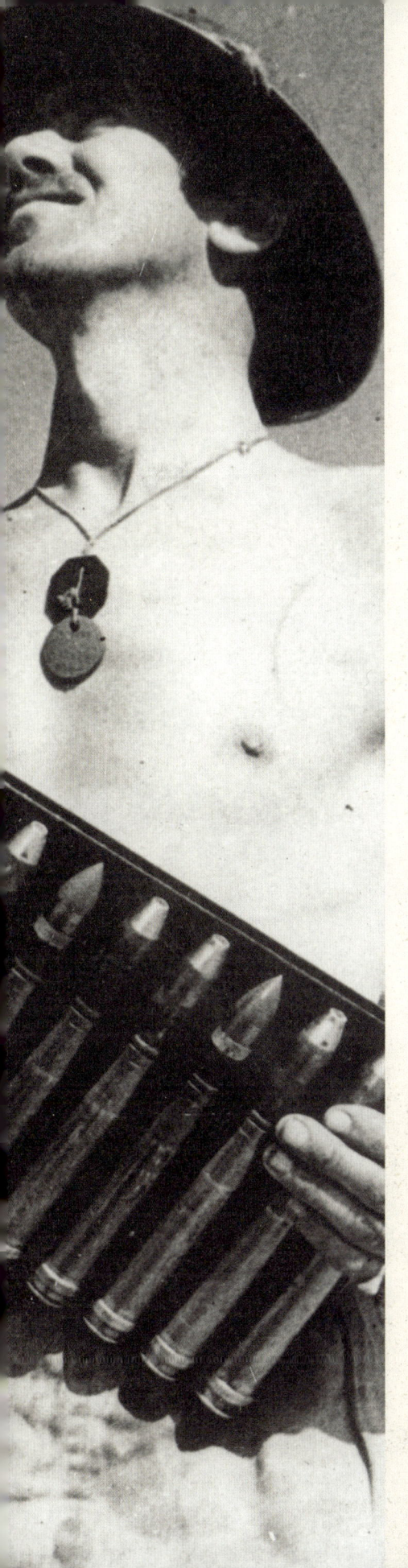

◀注视天空：在被围困的托布鲁克镇，英国炮手操纵着一门缴获的布雷达炮，准备射击任何进入射程的德国飞机

托布鲁克围城

隆美尔将盟军击退至埃及边境。
但海港重镇托布鲁克是块难啃的骨头。

托布鲁克是北非海岸线上的主要港口，位于突尼斯斯法克斯（西距突尼斯仅1000多英里）和埃及亚历山大港（东距埃及400多英里）之间，具有重要的战略意义，尤其当时盟军已经威胁到了轴心国日益拉长的补给线。隆美尔和盟军都渴望拿下托布鲁克。对盟军来说，这也是关乎尊严的一战。正如盟军第7装甲师的指挥官哈丁勋爵所言："自从敦刻尔克撤退后，我们一直未见胜利的曙光。我认为，我们必须展示出我们有抵抗德军的能力，这至关重要，这不只出于政治原因，更是士气的原因，这关系到这个国家民众的士气。"

1941年检阅澳大利亚部队

　　澳大利亚第9师骑兵团的MK VI型坦克和MK1型布伦火炮车在叙利亚沙漠中等待检阅。他们在"出口者行动"中与维希法国[①]黎凡特军作战，该行动旨在从纳粹占领的法国手中夺回对叙利亚和黎巴嫩的控制权。1941年6月8日，英国人和澳大利亚人在自由法国军队的支持下，从英国控制的巴勒斯坦涌入叙利亚和黎巴嫩。到7月14日，维希当局签署了停战协定，将其中东部地区的控制权让给了自由法国军队。

---

① 第二次世界大战期间，在德国攻入法国并迫使法国投降后，由德国占领军扶持法国政府组建的傀儡政府。

隆美尔最初打算包围城市后再从东西两侧同时发起进攻，但他认为城市防御不足，便觉得无需如此。1941年4月10日，他命令海因里希·冯·普里特维茨和加夫隆将军率领的第15装甲师沿着德尔纳公路从西侧发起进攻。然而，他低估了澳大利亚军队的坚韧顽强。澳大利亚第9师的第20旅和第26旅负责守卫盟军外围的阵地，刚刚抵达的第9师第24旅和第18澳大利亚步兵旅则负责保护营地内部。德军的三辆装甲车被盟军缴获的两门意大利野战炮击退，坦克也因山谷中通往城市的桥梁被毁而受阻。冯·普里特维茨不顾参谋部的劝阻，驾驶一辆参谋车在战线上巡视，结果因过于接近被盟军缴获的意大利野战炮而被击毙。经过三个小时的战斗，德军撤退。

第一次进攻受挫后，隆美尔回到原计划，围攻港口。东侧是德国第5轻装师，南侧是第15装甲师，西侧是意大利布雷西亚师。三个意大利步兵师和一个意大利装甲师作为预备队。据此，莫斯黑德少将把港口周围30英里的地区划分为三个区：澳大利亚第9师负责守卫所有这些地区，第26旅驻守西部，第20旅驻守南部，第24旅驻守东部；第18澳大利亚步兵旅为预备队。

隆美尔于4月11日发动了第二次进攻，第5轻装师的第5装甲团在中午过后袭击了第20旅。这次进攻也被澳大利亚人击退，德军损失了五辆坦克。

下午3点，400名德军步兵也被击退。4点，700名步兵在德军和意大利坦克的支援下发动第三次进攻，但陷入反坦克陷阱，四辆英军坦克随即赶到，导致德意联军大量伤亡。随后两天德意的进攻也被击退。

澳大利亚步兵约翰·埃德蒙森下士因在这些行动中表现极为英勇而被追授维多利亚十字勋章。他的获奖词中写道："1941年4月13日至14日夜间，一队德军步兵突破了托布鲁克的铁丝网防线，并架设了至少六挺机枪、迫击炮和两门小型野战炮。"

"他们决定用刺刀攻击德军，一支由一名军官、埃德蒙森下士和五名士兵组成的队伍参加了冲锋。在反击中，埃德蒙森下士的颈部和腹部受伤，但他在猛烈的炮火中继续前进，用刺刀杀死了一名敌人。他的长官刺中了一名敌人，但被敌人抓住了双腿，另一名敌人又从背后袭击了他。他大声呼救，几码外的埃德蒙森下士不顾自己的伤势，立即赶来帮助他，杀死了两名敌人，救下了他的长官。"

埃德蒙森本人却没有那么幸运。他因伤势过重，不久就去世了。

海军支援

尽管陆路交通已经被截断，但托布鲁克港得到了英国皇家海军的补给。一位英国守军这样描述："我们在托布鲁克的食物供应非常紧张，但我们得感谢海军，他们的表现非常出色。四周的高音喇叭不断地试图干扰我们，我们被贴上了'托布鲁克的囚徒'的标签。隆美尔的宣传机器不停地催促我们投降，但我们对此充耳不闻。我们坚定地回应：'我们会坚持到最后。'我们深知他们无法突破进来。"

隆美尔的同僚批评了他的战术。马丁·基钦教授在《隆美尔的沙漠战争》（剑桥大学出版社，2009年）中举了一个例子。

"冯·赫尔夫上校说，没人能理解对托布鲁克的第一次进攻。新部队一到前线，就被派往战场，并且对方实力明显占优，结果可想而知。

"下级军官对隆美尔的命令不知所措，招致普遍不满。"

隆美尔可能是运动战的大师，但现实说明沙漠之狐并不擅长打破坚固的防御。于是，他尝试了一种新战术。

激烈的炮火加上斯图卡俯冲轰炸机的轰炸，削弱了盟军的防线。德方坦克装备了抓钩，破坏了一部分铁丝网障碍，德军部队和坦克随即突破了缺口。

有人再次提出异议，认为攻城部队的装备还不足以执行这样的任务。如第15装甲师的一些部队仍在意大利，115步兵团也仍在途中。

但推迟进攻的请求被驳回，进攻于4月30日继续进行。

燃料短缺

澳大利亚第24旅失去了几个指挥所之后，轴心国军队已深入防线约两英里，他们止步于雷区之前，但占领了该地区最高的要塞。5月3日，澳大利亚人的反击没有成功，托布鲁克约六分之一的地区落入德军手中。但由英国皇家海军维持的补给线依然保持活跃。1940年11月，英国皇家海军曾在塔兰托海战中击败意大利海军，从此其在地中海的地位就无人能敌，而这是英国有史以来第一次发动全航空舰对舰的海上攻击。此后盟军的舰队几乎可以畅通无阻，而隆美尔的舰队则频繁受到攻击，经常被击沉，导致他的部队陷入燃料短缺的困境。

托布鲁克的守军很幸运，因为敌军对港口发起攻击的地方就是他们防守最坚固的地方，而且非洲军团的目标是快速移动，在对方最意想不到的地方快速出击，而不擅长与固若金汤、防守严密的阵地正面交锋。

随着4月结束进入5月，双方都在为下一步行动做准备。隆美尔制订了下一次进攻港口的计划，韦维尔则策划了"战斧行动"，意图解除轴心国军队对托布鲁克的包围。这项计划以5月中旬开始的"简明行动"为开端。

◀行动计划：压力越来越大，隆美尔将军和意大利将军克拉维讨论进攻托布鲁克的战术

◀重型武器：1941年8月，托布鲁克，英军高射炮兵试图寻找一些可以躲避酷暑的地方

盟军反攻之始

盟军试图为托布鲁克解围并收复失地，
但他们的装备是否足以对付非洲军团？

1941年初夏，沙漠战争陷入僵局。盟军兵力不足，无法发动大规模进攻，同时燃料短缺和托布鲁克的盟军驻军威胁着隆美尔的补给线，隆美尔也无法前进。然而，这并不意味着战场上没有任何动静。韦维尔认为，"在前沿战斗地区，敌人的装甲战车兵力很少，而且他们的补给也很困难。"因此，战斧行动意图将德国和意大利军队赶出利比亚东部，以解除其对托布鲁克的围困，这成为英国发起反抗的重要象征。简明行动将于5月15日开始实施，试图先扩张盟军实控领土，以便在1941年晚些时候发动主攻。

◀火力：英国炮手在埃及前线哈尔法亚山口的伪装阵地前给炮弹引信分级

　　简明行动的主要目标是夺取哈尔法亚山口（沿埃及-利比亚海岸延伸的高地悬崖上的一个具有重要战略意义的缺口），将轴心国军队击退至索伦姆港和附近兵营之外，并夺取卡普佐要塞。然后，在补给允许的情况下，盟军将向托布鲁克推进。在这一阶段，守住已取得的领土比逼迫敌方后撤更为重要。

　　即便是这点战果也难以维持。隆美尔明白该山口对其进入埃及的补给线具有重要战略意义，于是于5月26日发起了"天蝎行动"，部署了三个装甲突击群，由马克西米利安·冯·赫尔夫上校指挥。次日，他们发起进攻，击退了英国冷溪近卫步兵团第3营及其支援部队。由于担心被包围，盟军被迫撤退。非洲军团夺回了盟军在"简明行动"中赢得的所有阵地。

　　随着夏季的到来，苍蝇给双方都带来了极大的困扰。苍蝇不仅令人生厌，还携带病菌。步枪旅的步枪兵霍勒斯·萨克林说："在你张嘴叫出'杰克·罗宾逊'之前，苍蝇就已经在你身边了。你泡了一杯咖啡，你喝的每一口里都有苍蝇。"英军举行了比赛，看谁杀死的苍蝇最多，但据一名士兵回忆："尸体养活的苍蝇太肥了，每次打死它们散发出来的味道，令人作呕。师部便命令我们停止捕杀苍蝇。我们只好让它们离开。"德国人自然也面临着类似的情况。约翰内斯·施特莱希少将在他的司令部里放了一个硬纸板做成的巨大的骑士十字勋章，中间钉着一只苍蝇，每天都将它颁发给杀死苍蝇最多的参谋，这让隆美尔非常恼火。

丘吉尔迫切需要一场胜利来鼓舞大后方的士气，让他的政治对手闭嘴。因此，他向韦维尔施加压力，但随着时间的推移，他对韦维尔的信心开始动摇。尽管失去了在简明行动中赢得的阵地，但战斧行动仍按计划实施。韦维尔对此表示抗议，他抱怨没有足够的兵力发起攻击，而且他的坦克速度太慢、不可靠，装备也不够。然而，等不及了的首相根据布莱切利公园的英国军事情报人员提供的一些尚存疑的证据，顺势结束了韦维尔的中东司令部总司令的任命。

作战计划

战斧行动分为三个阶段：首先，在利比亚-埃及边境的沿海地区击退敌人，夺回哈尔法亚山口、索伦姆、卡普佐要塞、哈尔法亚山脊和西迪阿泽兹。这将有效夺取简明行动的目标地区。其次，第13军团（前西部沙漠部队）将夺取托布鲁克和埃尔阿德姆周边地区，最后通过夺取德尔纳和梅奇利来巩固这些战果。地面行动的总指挥是第13军团司令诺埃尔·贝雷斯福德-普雷斯中将。该计划与"简明行动"大同小异，只是规模要宏大一些罢了。

与此同时，隆美尔正全力准备迎接英军的进攻。截获的无线电信息和捕获的文件已不止一次警告他关于英军的意图，他已经做好了对英军迎头痛击的准备。在简明行动之后，他修建了一条防御工事线，以阻挡英军从埃及发起的进攻。隆美尔本人决定留在托布鲁克，以防澳大利亚守军在战斗中试图突破防御工事。缺少信号连造成了轴心国部队之间的通信问题，以至于在大部分行动中，隆美尔及其在托布鲁克的高级参谋人员对其他地区发生的事情一无所知。即便如此，他仍对自己的防御工事和部队充满信心。他所担心的是后勤问题，最突出的是燃料缺乏。他后来写道："不幸的是，我们的汽油储备即将耗尽，我们怀着焦虑的心情盘算着即将到来的英军的进攻，因为我们知道，我们的行动将更多地取决于汽油量表，而不是战术需要。"

战斧行动最初在中部取得了成功：在中午攻占卡普佐要塞之前，盟军摧毁了德军的两个炮兵连。当天下午，英军击退了数次进攻，但其中大多数只是敌军试探性的打击，目的是引诱英军的玛蒂尔达坦克撞上德军的反坦克炮。然而，沿着海岸线的右翼情况就没那么乐观了，在进攻哈尔法亚山口时，英军18辆坦克损失了15辆。在左翼，第7装甲师遇到了意大利人的炮台，那里隐藏着88毫米反坦克炮和机枪哨位。该师的90辆坦克损失了48辆。第一天结束时，盟军只拿下了卡普佐要塞。

装甲袭击

　　第二天的进攻也收效甚微。在卡普佐的一次反击被击退后，苏格兰近卫军向西推进并占领了索伦姆兵营。在西翼，第7装甲师与德国第5轻步师的坦克交战了。德军虎式装甲车在装备不那么精良的英军坦克火力范围之外开火时，英军就遇到了问题。在这种距离上开火并没有对坦克本身造成很大伤害，但却摧毁了他们拖带的火炮。没有了火炮的阻拦，虎式装甲车得以迅速缩小与英军的距离。而如果英军前进与之交战，德军可以退到他们自己的反坦克炮后寻求掩护。英军再一次为他们低劣的坦克装备付出了代价。到了晚上，第7装甲师仅剩下21辆坦克。次日，卡普佐要塞的部队撤离。

　　韦维尔向丘吉尔报告说："我很遗憾地报告，战斧行动失败了。"此次行动英军没有取得任何战果。英国装甲部队严重损耗，又无后备力量可用，隆美尔进军埃及的道路已经打开。不出所料，丘吉尔勃然大怒。他命令驻印度总司令克劳德·奥金莱克将军接替韦维尔担任中东司令部总司令。

1943年8月
在班加西郊外休息

第98轰炸大队在利比亚班加西附近的美军空军基地休息。他们驾驶B-24轰炸机，对利比亚、突尼斯、希腊、意大利的港口和航运设施进行了大胆轰炸。他们还轰炸了铁路和航空站，后来又执行远程任务，摧毁石油开采区、重工业和通信基础设施。

◀战争间隙：1942年，北非一名英军士兵停下来查看一名德国坦克兵的坟墓

解除围困

简明行动和战斧行动均以失败告终，随着新指挥官的上任，"十字军行动"能否成功收复失地？能否为托布鲁克解围？

北非战场上，双方战斗得克制而又体面。例如，经常为了收集伤员而休战，在这方面涌现出许多勇敢的个人行为。

澳大利亚士兵约翰·巴特勒在托布鲁克围城期间有过这样一次经历，"我正准备拔出一颗手榴弹的销子，突然听到一个陌生人的声音说：'等等，澳洲佬——我们这里有两名受伤的士兵'……那两名澳大利亚士兵说德国人开枪打伤了他们，但之后一个德国人冒着巨大的风险，把他们带进营地，给他们包扎伤口，递上热咖啡，然后请求医疗援助。感谢上帝，骑士精神依然存在。"

但正如历史学家马克斯·黑斯廷斯爵士在《战火纷飞：1939—1945年的世界大战》（哈珀出版社，2011年）一书中指出："这种'文明'的战争方式也有弊端。那些认为自己战术处境无望的盟军士兵，宁愿投降，也不愿意拼死作战或者在干旱的沙漠中苦苦挣扎。英国指挥官及其伦敦的上级对北非战场的投降和过度的'尊重对手、团结友爱'感到越来越沮丧。"

暗杀企图

但试图暗杀隆美尔的英国突击队员却必须对这种精神心存感激。11月17日至18日夜晚,这支由30人组成的队伍袭击了距离敌后约200英里的贝达利托里亚,他们认为那里是隆美尔的总部。实际上,隆美尔已不再驻扎在那里,间谍拍摄到的门上的军官姓名已经过时。在这次大胆的袭击中,有四名德国人丧生,英军只损失了一名突击队员。这名突击队员是罗杰·凯斯爵士上将之子凯斯中校,后因其行动被追授维多利亚十字勋章。

暴风雨导致突击队员们无法从海上逃脱,因此只有两名士兵成功回到盟军营地,其余人均被俘虏。尽管他们刺杀的目标就是隆美尔,隆美尔仍无视希特勒要求枪决被俘突击队员的命令,坚持以普通战俘标准对待这些士兵,并为已故的突击队员举行了完整体面的军事葬礼。

十字军行动

这次暗杀行动是奥金莱克将军履新后的首次重大行动——十字军行动的前奏。

奥金莱克是一位功勋卓著的指挥官,但他对坦克了解相对较少,而坦克对于沙

▶被俘:1942年,利比亚战役期间,德国装甲兵在投降后向托布鲁克附近的战俘营进发

漠战争至关重要。奥金莱克在英国和英联邦部队的基础上，增援组建了第8集团军，由艾伦·坎宁安中将指挥。

盟军现在的装备比以前好得多，但关键问题依然存在。

与德军不同，盟军的坦克运输车非常少，因此他们的坦克必须长途行驶，而坦克履带很容易受到沙漠沙土的影响。

在1973年泰晤士电视纪录片《战争中的世界：沙漠——北非（1940—1943）》中，一名英国士兵回忆说："（英国坦克）的机械性能非常差。"

"有些部件丢失了，有些部件没有连接好。每条履带都通过销钉与下一条履带相连。很多部件松动了。

"沙漠有时是粉状的，但有时是坚硬的沙粒。水是一种润滑剂，所以坦克最适合泥泞的地面。"

十字军行动于1941年11月18日开始，英国、印度、南非和新西兰的部队都加入了行动。这一次，隆美尔对局势的把握和盟军推进重点的识别都很迟钝。第7旅和第22装甲旅从位于梅尔萨-马特鲁的第8集团军基地出发，越过利比亚边境，向西北方向的托布鲁克挺进。第13军团和新西兰师与第4印度步兵师第7旅和第4装甲旅在两翼配合前进。

次日，第22装甲旅在比尔古比附近遭遇意大利阿里特装甲师。结果，第22装甲旅的40辆"十字军战士"坦克被意大利反坦克炮击毁。

战术智慧

这种损失在十字军行动初期十分典型。虽然装备更好了，但英国人的战术仍停留在过去。第13军团的戴维·贝尔凯姆将军回忆说："我们接受的训练是在行进中射击，在坦克上执行类似骑兵的冲锋，以这种方式对付装甲部队。"

"德国人在两次大战之间对这个问题的研究比我们多得多，当然隆美尔也有在法国北部战争的经验，他的许多坦克队员也是如此。他们明白用坦克对付敌人的最好办法，就是坐在车体掩护的位置上等着敌人来攻击，如果被迫暴露在开阔地带，就诱使敌人进入他们的反坦克炮射程内。"

在头五天里，坎宁安损失了三分之二的坦克，许多都是因机械故障被遗弃的。与德国人不同，盟军根本没有办法回收它们。正如一位盟军老兵所抱怨的，"他们（德军）的装备和我们的一样远道而来，但他们似乎更珍视这些装备，一到傍晚就想方设法回收他们的坦克。"

坎宁安感到战斗已经失败，想要撤退。奥金莱克解除了坎宁安的指挥权，由尼尔·里奇少将取而代之。

11月底和12月初，盟军遭遇了更多挫折，新西兰军队在西迪阿泽兹被敌军装甲部队和步兵击败。德军第15装甲师尽管以二比一的战绩击退了英军坦克，并使部署在埃德杜达的另一支新西兰部队不得已暴露出来，但随着隆美尔的坦克再次耗尽燃料，战局开始出现转机。

12月3日，新西兰部队在巴迪亚路上重创德军步兵，印度部队在卡普佐击退德军。

包围解除

在《人间地狱：1939—1945年的世界大战》中，萨姆·布拉德肖中士回忆了在十字军行动期间与一名受伤的德国士兵的遭遇。

"我靠近过去，喊道：'你是意大利人吗？'他用非常流利的英语回答说：'不，我不是该死的意大利人，我是德国人。'很显然他特别讨厌我把他看成意大利人。他受了伤，所以我让他搭上坦克，并给了他一些水。他给了我一支卡普斯坦香烟。他说：'我们打掉了你们的一个补给纵队。'我们看到大约1000码外有几辆德国装甲车，他从坦克上滚下来，一瘸一拐地朝装甲车走去。我的炮手朝他走去，我在对讲机里喊道：'不要开火——让他走。'他转过身，敬了个礼，嬉皮笑脸地喊道：'伦敦见。'我回道：'柏林见。'"

1941年12月7日，也就是日本空袭珍珠港美国太平洋舰队基地的同一天，托布鲁克的包围解除，隆美尔被迫后撤500英里至阿盖拉。圣诞节前夕，盟军攻占班加西。十字军行动结束时，德国人和意大利人死伤8000人，3万人被俘或失踪，还损失了340辆坦克和300多架飞机。第8集团军2900人阵亡，7300人受伤，7500人失踪，损失坦克278辆、飞机300架。

但是，又一次，有战斗经验的师部被调配到其他战场，盟军在北非的兵力再次被削弱。日本参战意味着缅甸和远东需要他们。第7装甲师指挥官哈丁勋爵元帅对此感到失望。"为了远东地区一些不确定的、很可能没有回报的事情，失去了在中东战区真正重要的机会。"

进攻计划:1941 年 11 月,盟军一名准将在托布鲁克使用沙盘指导坦克指挥官

举起手来！

盟军部队逮捕了第 15 装甲师的坦克兵，他们向非洲的天空举起双手。德军乘用的是一辆英国玛蒂尔达 II 型坦克。

这次逮捕行动发生在 1941 年底、十字军行动开始的几周前，盟军试图摧毁敌人的装甲部队，彻底结束对托布鲁克的围困。

"托布鲁克之鼠"（主要来自澳大利亚第 9 师）在利比亚首都坚守了七个多月，其间，隆美尔对这个战略要塞港口发起了多次突破尝试，但均以失败告终。托布鲁克于 1941 年 11 月被英国第 8 集团军解围。隆美尔的失败使驻扎在非洲的轴心国军队损失惨重。

▶视线里：一名德国非洲军团士兵在西部沙漠使用望远镜观察敌人的动向

盟军撤退

隆美尔再次发动攻势，盟军的战果受到威胁。有什么能阻止"沙漠之狐"吗？

1942年1月21日，隆美尔通过的黎波里成功获得增援部队之后，发动了第二次大规模进攻。经验相对不足的英国第1装甲师被打散，盟军再次被击退。据第7装甲师的萨姆·布拉德肖中士说："我看着德国人越过这座山脊。我们被告知德国人只有很少的坦克，我想，'我不知道他们从哪里弄来这么多坦克，但有人给了我们错误的信息'。我们本来笃信我们占尽优势，结果一切都错了。战争就很难打了。"

1月23日，轴心国军队占领了阿格达比亚。六天后，班加西沦陷。盟军被击退到利比亚东部，英国坦克的弱点再次开始显现。布拉德肖回忆说："我们知道我们的坦克不够好。我们不明白为什么每次我们得到的新坦克，装备的都是我们称之为愚蠢的小豌豆枪（火炮）。不可避免的结果就是，我们会吃亏，我们会损失很多人。"

准备沙漠中"狗斗"（近距离空战）

英国飓风战斗机在西部沙漠的简易机场进行维护。飓风战斗机是沙漠空军的一个重要机种，是一流的对地攻击机，装备四门 20 毫米大炮，有效载荷为 500 磅[①]。然而，它们在非洲上空与性能更优越的梅塞施密特 Bf-109 战斗机展开较量时，却显得十分吃力。

① 1 磅约为 0.4536 千克。

▶繁重的工作：德国非洲军团第21坦克师的一门4厘米口径高射炮。该师是北非军团的两个装甲师之一

随着非洲军团向东推进，托布鲁克再次受到威胁。到2月初，战线已经后撤到托布鲁克以西的加查拉。在这里，沙漠战争再次陷入僵局，双方——尤其是盟军，都掘地三尺，为夏季攻势做准备。

沙漠战场天气非常炎热，缺水导致痢疾成了问题。苏格兰高地警卫团（黑色守望）的约翰·麦格雷戈中尉回忆说："每天的定量配给是两瓶水，早上一瓶，晚上一瓶。两品脱[①]水，就是全部。喝水、洗漱、洗衣服——所有事情都要靠这点儿水。"

英国用于携带水和燃料的罐子设计得较差，经常在坚硬的沙漠地面上破裂。德国的罐子要好得多，英国人利用了缴获的容器，并模仿了它们的设计，称之为"杰瑞罐"，这个术语至今仍在使用。

口粮的质量也很差，埃塞克斯团的乔治·格林中士回忆道："我不记得在军队里吃过一餐像样的饭。当你打开一罐牛肉罐头，有一半会从罐头里流淌出来，因为高温已经融化了罐头里的肥油。你还能吃到坚硬的饼干，其中一半是1914年战争留下的。"

---

① 1英式品脱约为568.26毫升。

▲ 飞行坦克：一辆在西部沙漠作战的美国 M-3 中型坦克

白天，天气热得坦克的挡泥板上可以煎鸡蛋，但晚上却非常寒冷。格林回忆说："白天你热得流油，到了晚上，你却裹上多少都不觉得暖和。"

布拉德肖中士说："沙漠疮是另一个问题。在坦克上你会不可避免地磕伤自己，伤口在几小时内就会溃烂，就像溃疡一样扩散。"

珍珠港事件后，美国正式参战，这对北非战场产生了深远影响。在1942年初的

战术错误

里奇少将计划在 5 月底利用他的新坦克发动进攻，但还没等他发动进攻，隆美尔就抢占了先机。在集结期间，里奇计划不周，他建立了一系列由地雷阵保护的坚固营地，从北海岸的加查拉一直延伸到更南边的比尔哈基姆。

5 月 26 日，隆美尔对里奇发动了进攻，就像奥康纳将军 18 个月前对意大利阵地所采取的行动那样，一名英国军人回忆道："早上，我们看到杰瑞（德国人）所在的地方尘土飞扬。他正穿过第 7 装甲师所在的位置，就像狐狸钻进了鸡棚。"

除了战术失误外，新的格兰特坦克在战场上的表现也令人失望。尽管装备比大多数盟军坦克更好，装甲更坚固，可靠性更高，但它们在非公路路面表现不佳。它们的高轮廓也使其难以隐藏，而侧面的主炮无法在隐藏车身的情况下进行射击。加查拉和比尔哈基姆被攻占，托布鲁克再次岌岌可危。该城的防御工事自被围以来一直被忽视，6 月 21 日，它落入了前进中的轴心国军队手中。希特勒非常高兴，晋升隆美尔为元帅；奥金莱克元帅对自己的下属不太满意：他解雇了里奇，并接管了第 8 集团军。

盟军节节败退，不断地向埃及境内撤退。6 月 28 日，利比亚边境以东约 140 英里处的梅尔萨－马特鲁陷落，盟军凭借仅有的空中优势避免了一场溃败。开罗方面，英国最高统帅部开始感到担忧。

僵持阶段，美国向英国提供了 167 辆中型 M-3 或"格兰特"坦克。这些坦克的 75 毫米主炮比盟军曾经使用的坦克装备精良许多，可以在德国 5 厘米口径 Pak 38 反坦克炮的有效射程之外与之交战。

▶严重受损的战车:一名德国士兵正在检查一辆烧焦的盟军坦克残骸,这辆坦克刚刚在一场残酷的战斗中被炸得侧翻在地

第2廓尔喀步兵团①的唐纳德·拉姆塞·布朗上尉回忆说:"总部开始收集文件,有些东西被销毁了。对于我们可能丢掉前线的后果,我们开始了一定程度的准备。"

似乎第8集团军的覆灭,以及随之而来的开罗、埃及和苏伊士运河的陷落,都近在咫尺。

---

① Gurkhas 是一支来自尼泊尔的精锐步兵部队,以其勇敢、忠诚和战斗技能而闻名于世。他们使用传统的弯刀"廓尔喀刀"作为主要武器,在各种战争中都表现出色,曾为英国军队服役多年。——译注

轰炸英国人：冒着浓浓黑烟的英国装甲车在沙漠中熊熊燃烧，成为轴心国毁灭性火力的牺牲品

第一次
阿拉曼战役

迅速撤退之后，英国人找到了一个理想的阵地。
但他们能阻止"沙漠之狐"到达开罗吗？

第8集团军进一步后撤，找到了一个理想的据点，挖好了战壕。在距离亚历山大港约65英里、开罗以西150英里的地方，有一个不起眼的小火车站，这里离海岸不远。其南面10英里处的鲁韦萨特山脊是绝佳的观察位置；山脊南面20英里处是卡塔拉洼地，是一片面积约7500平方英里的流沙和盐土沼泽，坦克和车辆无法通行。从低洼地带到海岸线，英军建立了新的防线，并对奥金莱克将军之前命令建造的防御工事进行了加固。除非隆美尔带领他的军队穿过撒哈拉沙漠向南大幅迂回，否则盟军在这里的阵地是不可能被包抄的。这个火车站的名字，就是阿拉曼。

轴心国部队于6月30日抵达埃尔-阿拉曼，他们满怀信心。从开罗发往美国国务院的一条鼓舞人心的情报被截获和破译。其内容是："（费勒斯上校，驻埃及美国大使馆的军事参赞）认为，除非英国能立即获得反坦克和炮兵增援，否则隆美尔在未来几天内就有可能抵达开罗和亚历山大。费勒斯认为，如果能立即调集数百架轰炸机和反坦克炮支援，局势仍可得到挽救。我个人认为，通过一些最后的努力，局势甚至现在就可能产生转机。"

前进：1942年6月，第一次阿拉曼战役期间，盟军部队装备刺刀，在岩石上穿梭

7月1日清早，隆美尔的第90轻型非洲师攻击了埃尔-阿拉曼附近的防线，但在上午7点30分左右进攻被阻止。该师试图向南在埃尔-阿拉曼和鲁韦萨特山脉之间移动，但遭受了猛烈的炮火袭击，以至于有些部队陷入了恐慌。第15装甲师和第21装甲师的表现也欠佳，他们被沙尘暴和空袭拖延了。第21装甲师直到上午9点才抵达目标，即第18印度旅的阵地，这时已天光大亮。进攻推迟了一个小时后，他们最终攻破了盟军阵地，俘获约1200名俘虏，但这一整天的作战使他们损失了52辆坦克中的18辆。

失败的攻击

隆美尔的新任战略参谋长弗里茨·拜尔莱因上校和作战参谋长弗里德里希·威廉·梅伦廷中校试图复制早先在梅尔萨-马特鲁取得的胜利，他们尝试从侧面包抄，绕过阿拉曼防御工事南下，从后方发起进攻。但他们得到的关于盟军阵地的信息并不准确，没有考虑到部署在南面和东南面的三个南非旅，因此遭到了迎头痛击。英国的信号情报和空中侦察也发挥了作用，帮助奥金莱克预知隆美尔的一举一动，让隆美尔无法再利用先前出其不意的战术取得巨大成效。

第二天，隆美尔的部队在试图突破盟军防线方面进展甚微。奥金莱克开始使用游击部队，将运动战引入防御，并在敌军进攻失败后乘胜追击，这一战术变化后来得到隆美尔的称赞。事实证明，盟军的集中炮击也非常奏效。正如奥金莱克所说："德国佬根本不喜欢我们的炮火。"到7月3日，非洲军团只剩下26辆可作战的坦克。隆美尔的部队疲惫不堪，又不断遭到盟军炮火和空袭的轰炸，进展甚微，他只好固守待援。他向德国最高统帅部报告说，他的三个师每个师只剩下1200至1500人，而且没有空中掩护，补给也是问题。隆美尔对意大利船队经常无法为他的前线部队提供补给感到遗憾，但他并没有责怪意大利军队。他写道："作为他们的总司令，同志间的责任让我必须明确声明：意大利编队7月初在阿拉曼的失败不是意大利士兵的过错。"

"毫无疑问，每支意大利部队，尤其是摩托化部队，所取得的成就都远远超过了意大利军队百年来所取得的任何成就。"他肯定地说，"许多意大利将领和军官，无论作为男子汉还是军人，都赢得了我们的钦佩。

"意大利战败的原因在于意大利的整个军事素养和体系，在于他们糟糕的军备，在于许多意大利人，无论是军官还是政治家，普遍对战争缺乏兴趣。"

当然，他低估了英国密码破译人员的功绩。在他撰写此文时，英国密码破译人员还并不为人所知。

意军的进攻

整个7月,奥金莱克都在进攻。7月8日,他向泰勒埃萨突出部发起进攻。七天后,约2000名轴心国士兵阵亡,3700多人被俘。最重要的是,澳大利亚部队俘获了621无线电侦听连,在此之前,该连一直是隆美尔宝贵的情报来源。

意大利人在鲁韦萨特山脊的两场单独战斗中遭到攻击,三个师被歼灭,隆美尔被迫重新部署大部分装甲部队。在米特里亚山脊(攻击者称之为"废墟山脊"),澳大利亚第9师俘虏了700多名意大利人,后在德意联军反击中被迫后撤。

男子汉行动

尽管盟军取得了相当大的战果,但进展并不顺利。7月26日和27日,奥金莱克发起了"男子汉行动",准备给予集结中的轴心国部队最后一击。夜里,澳大利亚第24旅终于攻占了米特里亚山脊,英国第69旅也达成了所有战斗目标,但派去支援的反坦克部队被雷区耽搁,少数部队在黑暗中迷失了方向。

天亮后,盟军的前沿阵地再次暴露,并被轴心国军队攻克。奥金莱克的部队现在已经精疲力竭,他于7月31日停止了所有进攻行动,对饱受摧残但毫发无损的第8集团军进行重建和补给。在这场战争颇为重要的战役中,隆美尔被牵制住了,他夺取埃及和苏伊士运河的目标也落空了。

8月,英国首相温斯顿·丘吉尔到访,以鼓舞部队士气。虽然他对托布鲁克的失利感到愤怒,但对所受到的欢迎感到振奋。

第一次阿拉曼战役挽救了在埃及的第8集团军,但却挽救不了奥金莱克的帅位。8月13日,丘吉尔任命哈罗德·亚历山大爵士将军和伯纳德·蒙哥马利爵士中将分别接替了他中东司令部总司令和第8集团军司令的职位。

部队敬礼：1942年8月，温斯顿·丘吉尔在泰勒凯比尔检阅部队时做出了他著名的"代表胜利"的V字手势

第二次阿拉曼战役

第一次阿拉曼战役阻挡了隆美尔前进的步伐，但轴心国军队并没有被完全击败。蒙哥马利能否蹚过雷区，打破新的僵局？他召集了一支25万人的部队，这是一支真正的国际部队，士兵来自澳大利亚、新西兰、印度、南非、波兰、捷克斯洛伐克、希腊和法国等国家。其数量是隆美尔德意联军的两倍。他们训练有素，士气高昂。这是一支不得不令人敬畏的力量，即将在战场上大显身手。

白旗：1942年10月，阿拉曼，英国步兵冲向一辆德国坦克时，一名德国坦克士兵投降

▶指挥：蒙哥马利中将戴着他标志性的黑色贝雷帽，注视着德军开始从阿拉曼撤退

轻装上阵

蒙哥马利的到来是一个转折点：盟军士气大幅提升，而身体不适的隆美尔被送回了德国。

据说，蒙哥马利中将获得第8集团军司令的任命时，曾表示："原来的仗打得轻松，现在开始可没那么容易了。"当有人劝他振作起来时，他回答道："我不是在说我自己，我是在说隆美尔！"虽然这个故事可能是杜撰的，但仍然很有意思。（彼时蒙哥马利仍为中将，直到1944年秋天他才晋升到更为人熟知的元帅军衔。）

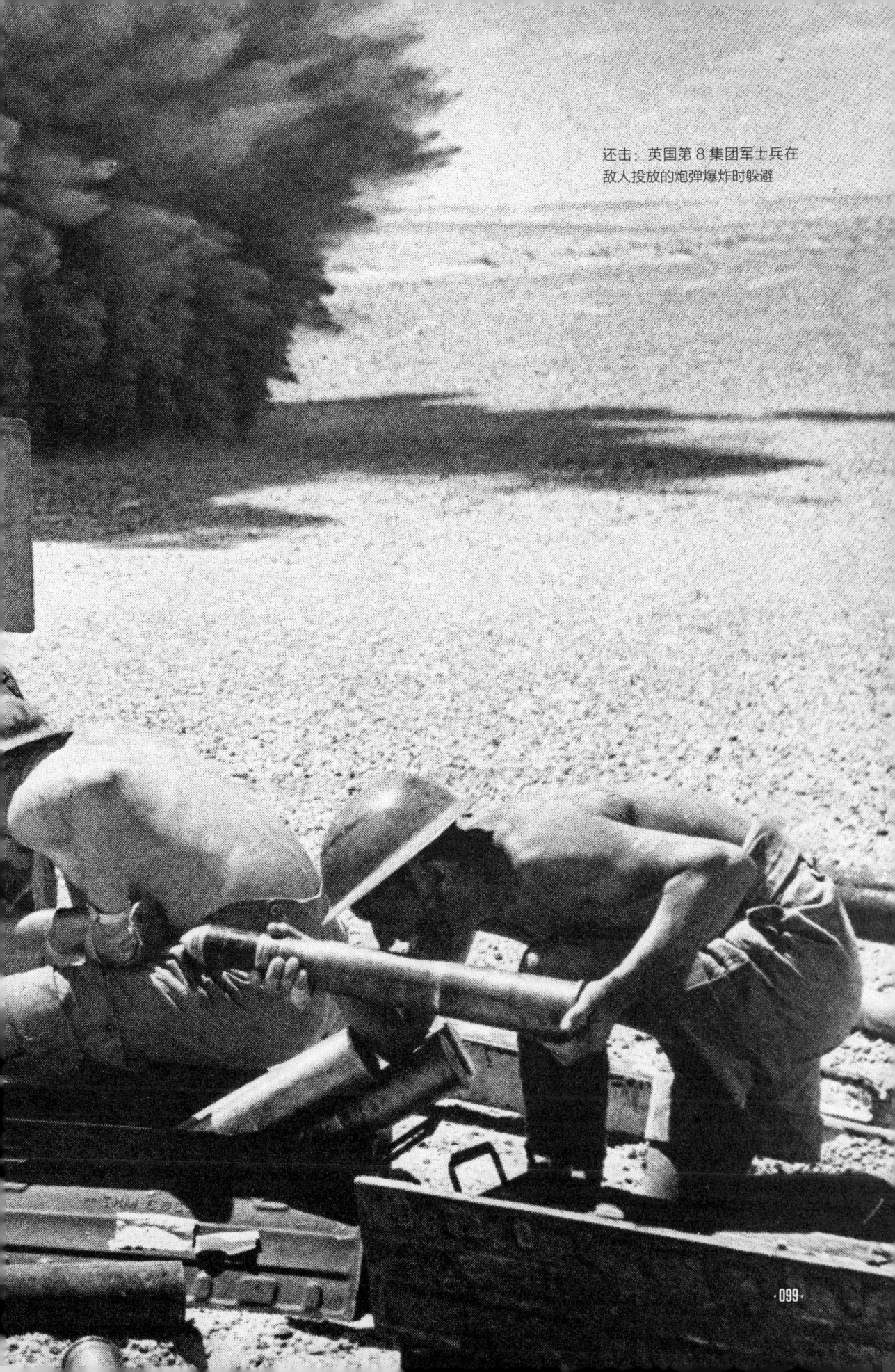

还击：英国第 8 集团军士兵在敌人投放的炮弹爆炸时躲避

蒙哥马利在北非战场的首次行动始于1942年8月底。隆美尔发动了阿拉姆哈勒法战役，试图在美国援军到达之前包围并全歼盟军部队。超级密码破译员让蒙哥马利对隆美尔的计划了如指掌，他故意留下一个缺口，诱导轴心国军队掉入陷阱。

蒙哥马利将大部分装甲部队和炮兵都部署在距前线20英里的阿拉姆哈勒法山脊附近。盟军利用了空中优势，隆美尔被迫后撤，损失惨重。但蒙哥马利没有乘胜追击，而是选择为年内晚些时候发起新攻势保存实力。

隆美尔的处境很不乐观。他的部队推进太快导致补给线过长，向东绵延了1400英里，直到的黎波里基地。

蒙哥马利将大本营设在距前线以西仅60英里的亚历山大。盟军既有制空优势又控制着地中海，这使得隆美尔的补给船仅有约四分之一能够突破封锁。此外，盟军士兵可以在开罗休假，而轴心国军队的士兵却没有这样的待遇。食物短缺也让轴心国军队的士兵们常因营养不良生病。第15装甲师的一名下士写道："小伙子们来到这里，几周后就纷纷病倒，大多数都被送回了德国。"更糟糕的是，在1942年9月，隆美尔本人也病倒了，不得不听从命令返回德国。

鼓舞人心的领袖

盟军的士气却是另一番景象。蒙哥马利上任后，对前线部队进行了一系列视察，向第8集团军各主要编队的官兵发表讲话，说明他们在即将到来的战斗中的作用。蒙哥马利以前从未在沙漠中服役，但他很快就征服了这些经验丰富的部队。

曾在苏格兰高地警卫团（黑色守望）服役的约翰·麦格雷戈中尉回忆道："从未有人在战场上亲眼见过一名指挥官，这不能不让人感到鼓舞。你知道是他在掌控局势，这是毋庸置疑的，当他的目光落在你身上时，你不会下意识地移开视线。"

第7装甲师的萨姆·布拉德肖中士也认为蒙哥马利令人印象深刻，"他让人们相信，就是现在了。每一个细节都经过了周密的计划"。

几天之内，盟军营地的气氛就完全改变了，装备也得到了改善。第8集团军得到了300辆坦克和3万名新兵的增援。新式谢尔曼坦克远远优于已破败不堪的英国坦克，也比之前从美国运来的格兰特坦克性能优越。喷火式战斗机也加入战场，盟军士兵看着它们飞过头顶，欣喜若狂。据第2廓尔喀步枪团的唐纳德·拉姆塞·布朗上尉回忆："我们的喷火式战斗机到来时，战场形势发生了巨大的变化。有了小型无线电，我们经常能够捕捉到德国飞机的信号。我们听到德国人说'Achtung, Spitfire（注意，喷火式战斗机）'，然后喷火式战斗机就到了。每当他们过来执行任务时，我们都会欢呼雀跃。从那以后，我们就敢在阳光下行走了。"

秘密补给

布拉德肖还记得当时的情景，"我们需要的东西终于送到了。配备75毫米火炮的谢尔曼坦克把我们武装成了另一支军队。整个沙漠都布满了车辆和火炮，且都在不断前进。"

为了掩饰部队的集结，盟军秘密实施了一系列迷惑性行动。伯特伦行动贯穿了整个9月，盟军将垃圾（如空的包装箱）存放在伪装网下，制造了虚假的弹药、燃料和装备储存点。敌军发现并记录了这些储存点，但因盟军后续并未跟进任何进攻性行动，这些储存点被敌军忽视了。但在发起实际进攻前的准备阶段，这些垃圾被替换成了真正的物资。为了掩饰发起攻击的具体位置，盟军制作了假坦克，并将真实的坦克伪装成普通的补给车辆。

到10月下旬，蒙哥马利已经准备就绪。第8集团军拥有20万人和1000多辆坦克，兵力是轴心国军队的两倍多。是时候给他们致命一击了。

第二次阿拉曼战役以"光脚行动"为代号，于1942年10月23日黄昏时分打响。光脚行动这一名称略显黑色幽默，暗指盟军和轴心国前线之间存在的大量反坦克地雷。敌人在5英里深的雷区内埋设了50多万枚地雷，因而第8集团军的装甲部队在前进之前，必须先清理出一条安全通道。500台波兰人研制的电子地雷探测器立即投入了此次扫雷行动，但这种探测器数量太少，而且精准度堪忧，大部分扫雷工作只能由人工完成。尽管一个人的体重并不会引爆反坦克地雷，但雷区中还有被称为"跳跃贝蒂"的反步兵S型地雷。在乔纳森·丁布尔比的《沙漠中的命运：通往阿拉曼之路》一书中，据一位参与排雷的工兵回忆，这些S型地雷极其危险："脚踏在雷管上后，会发生两次明显的爆炸。第一次爆炸会把地雷抛向空中，第二次爆炸在人的腰部高度，水平喷出数百颗滚珠轴承。我为步兵兄弟们感到难过。他们只能蹚过雷区，占据防御阵地，不让德国佬靠近，我们其他人才能开始工作。"

同样"赶走德国佬"的还有密集的炮击。这是第一次世界大战以来英国发动的最大规模的炮击，约750门火炮齐发，照亮了夜空。英国皇家骑兵炮兵团的一名掷弹兵在《沙漠中的命运》一书中回忆道："这种场面震撼、打碎并扭曲了感官，恐惧让人几乎失禁。我回过神后，首先看到的是一张张面孔，他们先是面色发白，然后在万花筒般闪烁的色调中变得通红，每个线条、每个细节都被炮口的火光刻画得惟妙惟肖。数以百计的火炮，喷吐着火舌与炮弹，像群凶恶的猎犬一样，发出阵阵怒吼——这简直太恐怖了。"

危险的工作

显然，这次炮击给敌人带来了毁灭性的打击。麦格雷戈中尉是穿越雷区的盟军士兵之一："我们最终抵达德军防线，寻找德国人时，发现德国人都已把双手举过头顶了。"

穿过雷区的安全通道被标记出来，这样盟军坦克就能在黎明到来前跟上，来应对必然到来的德军反击。皇家工兵杰克·斯泰斯中士是标记通道的人员之一，"在那片

进攻计划：蒙哥马利与第 8 集团军高级参谋讨论计划

无人之地，你会感到非常、非常孤独。有些地雷很容易移开，只需用手摸索就能找到它的位置。我们接受过关于这些地雷的培训，知道在黑暗中它们是什么感觉。如果是德国的'泰勒'地雷，引信在顶部，上面有一个固定的销。你按下销并拧下顶盖，地雷就被拆除了。这是一个关乎生死的时刻，但你知道你必须这样做，因为步兵们要靠你为重型装备开辟出一条畅通无阻的通道。"

道路清理完毕并做了标记后，就到了进攻的下一阶段：出动坦克。

▶图上文字：如果继续向前，请领一个（白色十字架）

装甲集团：1943年2月，德国坦克开进突尼斯

坚守阵地：在阿拉曼，一队英国炮手坚守阵地，等待着敌人的到来

▶为胜利而挖掘：炮战中，英军炮兵在沙地上挖战壕

两将角力

随着第二次阿拉曼战役的临近，
战争变成了一场消耗战。
但哪一方会坚持更久呢？

雷区的道路清理出来后，坦克跟随步兵和工兵进入无人区，在应该已经被清除地雷的狭窄道路上行驶。盟军的计划是坦克趁天黑穿越雷区，然后击退德军必然到来的反击。虽然进展比预期的要慢，但在凌晨两点左右，第一批坦克开始稳步前进。

不幸的是，对于蒙哥马利和他的坦克部队来说，前线步兵并没有像计划那样成功摧毁隆美尔的反坦克炮。实际上，只有大约一半的步兵摧毁了预定目标。

第7装甲师中士萨姆·布拉德肖回忆说："我们穿越了雷区，到达了第二片雷区，但步兵漏掉了很多反坦克炮，我们遭到了猛烈反击，损失了31辆坦克。我们接到的命令是停止行动，暂停、停止战斗、撤退。（对方）优秀的反坦克炮手会先干掉第一辆坦克，再干掉最后一辆，这样就让你进退两难，只能冒着被炸毁的危险进入雷区。你可能会失去一条履带。一旦你失去了履带，你就成了一个活靶子，因为你根本无法移动，所以你只能希望被击中的不是你自己。这种感觉糟透了。"

另一个主要问题是，在雷区内，坦克会扬起大量细沙，导致能见度降低。由于看不清前进方向，坦克拥堵现象十分普遍。特别是领头的坦克驶离无雷的通道，后面的坦克又紧随其后时，失控的坦克（驾驶员丧生）也会造成困难。意大利"利托里奥"师的迪诺·孔蒂尼上尉说："有些坦克甚至在被击中后还在继续前进，车内只有死人和垂死的人，就像巨大的、自行前进的葬礼火堆，因为死人的脚还踩在油门上。"

陷入僵局

10月24日拂晓，盟军的空中侦察显示敌军几乎没有移动，之前的进攻未能达到目的，轴心国的防线仍然没有被突破。

当日清晨，德军遭遇重大挫折。在隆美尔休病假期间，格奥尔格·史图姆中将担任临时指挥，当天他前往前线了解最新情况。与他同去的还有信号员布兴登上校，他想去了解野战电话何时能修好。他们的汽车离盟军阵地太近，遭到炮火袭击。布兴登上校头部中弹，当场死亡。司机沃尔夫下士急转弯逃跑，没有注意到史图姆已经摔了出去。起初，人们以为他被俘了，但第二天发现了他的尸体。他身上没有明显的伤口，最终确认是死于心脏病发作。接替他的是装甲部队的威廉·里特尔·冯·托马将军，但很快隆美尔就飞回来了。10月25日午夜前不久，一条信息发送到了全军："我已回归帅位——隆美尔"。

隆美尔发现战斗进行得并不顺利。尽管轴心国的防线抵挡住了蒙哥马利的早期进攻，但隆美尔的部队状态不佳。炮击和空袭造成的伤亡惨重，补给也告急。他所有的部队都执行半量配给，燃料也只够三天使用。尽管如此，按照他的个性，他还是发动了一次反击：他试图夺回29号据点——一个特勒埃莎西南的观察哨所，已被盟军占领——却一无所获。随后他放弃了之前平均分配装甲部队的战术，欲将装甲部队集中在北部地区。但他没有成功，轴心国军队被击退了。

这一阶段，双方伤亡都很惨重，但蒙哥马利在兵力上的优势意味着他能承受更多损失。例如，虽然盟军在前两天损失了约200辆坦克，但这和德军起初全部的坦克数量相当。蒙哥马利保持了镇静和决心。正如历史学家理查德·霍姆斯所述："这是军事史上真正需要决心的时刻之一。蒙哥马利知道自己的部队规模更大、装备更好、拥有更多的空中支援。他打得起消耗战，而隆美尔打不起。因此他做出了一个将军必须面对的最艰难的决定——为了在一场艰苦卓绝的战斗中取得胜利，接受士兵的牺牲。"

压力之下

隆美尔的实力正被逐渐削弱。"斯奈普"前哨是一个长约900码、宽约400码的椭圆形洼地，在沙漠中原本平淡无奇的一个地方。"斯奈普"前哨保卫战极大地削弱了轴心国的装甲能力。10月26日和27日夜间，维克多·布勒·特纳中校指挥的国王皇家步枪旅第2营奉命夺取并保卫"斯奈普"前哨，以便为第24装甲旅提供支持。他们占领了他们以为的前哨阵地，但实际上那是南面约900码远的一个类似的洼地。

他们在天黑后抵达，对周围地区进行了侦察。在所驻阵地以北1000码处，有一支由30多辆坦克组成的德意混合编队，配有坦克歼击车和步兵部队。步枪旅的步枪兵霍勒斯·萨克林回忆道："他们在早上7点左右发起了攻击，（反坦克炮手）坐下来开始射击。如果没有他们，我们早就全军覆没了。当敌方坦克兵从坦克中跳出时，无论谁活着，我们都会像打兔子一样射击他们。从白天到黑夜的炮击简直前所未有。"

事实证明，第2营带来的19门反坦

克炮非常有效。萨克林还记得一次成功的攻击："我看了看后方，大约200码（约182.88米）处，有一辆德军Mk 3坦克。我对伙计们说，'那里有一辆德国坦克。天哪，他们看到我们了——我们击中它了'。紧接着我就听到了爆炸声，然后我闻到了橡胶燃烧的气味。我回头一看，这辆坦克已被击毁。"

无情的攻击

第2营一整天都在遭受攻击，敌人的坦克和部队一波接一波地向他们的阵地压来。他们缺乏支援，当晚还数次遭到盟军炮火的轰击。但他们进行了一次极其英勇的后卫作战，特纳中校因此获得了一枚维多利亚十字勋章。

根据他的嘉奖令描述，"特纳中校率领步枪旅的一个营在夜间行进了4000码，穿越了艰险地带，到达了目的地。在此处他们俘虏了40名德国战俘。随后，他组织了夺取阵地的防御战。在这个阵地上，他们从早上5时30分到晚上7时一直受到攻击，孤立无援；并且敌人火力集中且精确，他们无法进行弹药补充。在此期间，该营遭到不少于90辆德军坦克的攻击，这些坦克轮番向前推进，但这些坦克都被击退。敌人损失了35辆坦克，还有不少于20辆坦克失去动能。"

有趣的是，特纳的哥哥亚历山大·特纳少尉在第一次世界大战中也获得了维多利亚十字勋章，这样他们就是四对同时获得维多利亚十字勋章的兄弟之一。

在车队中：这些英军坦克在与轴心国军队交战后返回防线，沙漠尘土飞扬

1942年5月26日至6月21日
加查拉战役

英军炮手瞄准下一个目标,一辆坦克在远处冒烟。在托布鲁克以西展开的加查拉战役中,隆美尔率领的德意联军大胜由英国、美国、法国、印度和南非军队组成的盟军部队。这场战役至今仍被誉为隆美尔最辉煌的军事胜利。

最后一击:1942年11月,一支英军步兵巡逻队在阿拉曼追击撤退的德军

盟军取得胜利

隆美尔兵力耗尽,补给不足,是时候给他致命一击了。

蒙哥马利的消耗战奏效了。虽然双方都损失惨重，但蒙哥马利的部队人数占优，因此更有能力承受这些损失。隆美尔开始绝望了。10月29日，他在给妻子的信中写道："形势依然非常严峻……晚上，我睁大眼睛躺在床上，无法入睡，因为我肩上的担子太重了。白天，我累得要死。如果这里出了差错，会发生什么？这个问题日夜折磨着我。如果是这样，我看不到任何出路。"

但双方的伤亡都很惨重。在前线北段参与激战的一名澳大利亚师步兵说，这场战斗就是绞肉机。"（11月1日）黎明第一道曙光下的景象对肠胃不好的士兵来说一点都不友好——遍地都是残缺不全的尸体，以及被烧毁的枪支、坦克和其他各种武器。"

在埋葬一位战友时，他说："在这沙漠中几乎没有他的葬身之地，这里死尸遍布。"

与此同时，蒙哥马利正在计划下一阶段的突围战斗计划。10月30日，他制订了"超级冲锋行动"计划，意在给隆美尔的部队以"沉重打击"，使其无力回天。据乔纳森·丁布尔比的《沙漠中的命运》一书，该计划规定了几个目标：

▶ 被俘部队：德国非洲军团战俘站在指向阿拉曼的路标下

1. 摧毁敌人的装甲部队；
2. 迫使敌人在开阔地作战，从而使其在持续不断的移动中消耗汽油；
3. 从敌人的补给线后方切入，阻止其补给行动；
4. 迫使敌人离开其前沿着陆区和机场；
5. 将上述所有措施结合起来，瓦解整个敌军。

蒙哥马利巧妙地虚张声势，使隆美尔相信进攻将在北区进行。事实上，他的计划几乎完全相反。伯纳德·西里尔·弗赖伯格中将将率领他的第2新西兰师发起进攻，但他的部下在战斗中已经遭受了惨重的损失。例如，7月在鲁韦萨特山脊，他们仅在三天内就损失了1405人。他对蒙哥马利说："我可以率领你觉得可以的任何步兵，但我不会带着我的新西兰战友再参加进攻。"蒙哥马利非常敬佩弗赖伯格的战斗力（尽管觉得他谋略不足），于是同意让他指挥两个英军步兵旅和一个英军装甲旅。

在休整24小时以重组部队后，盟军的超级冲锋行动于11月2日凌晨1时5分正式打响。盟军炮兵再次发出怒吼，用360门火炮进行地毯式炮击，步兵同时向前推进。北段澳大利亚人英勇作战，实为佯攻，使隆美尔相信这里将是盟军进攻焦点，超级冲锋行动进行得很顺利。

"过了一会儿，德军开始撤退，"埃塞克斯团的乔治·格林中士回忆道，"支援我们的轰炸非常猛烈。这些德国人遭到了猛烈的轰炸，他们的神经一定处于极度紧张状态。有了如此强有力的支援，我们顺理成章地持续前进了4英里，抵达了我们的既定目的地。"

步兵之后紧跟着坦克。第7装甲师中士萨姆·布拉德肖回忆说："我们穿过了雷区，进入了开阔地。在我眼中，只有前进，只有进攻。这是一场坦克战，就像我们以前经历的那样，而且我们有更好的坦克。"

"当战斗打响了，那就是你自己的事情了，你看不到发生了什么。只有你在和那里的一切战斗。"

又一次伤亡惨重，其最主要的原因是坦克必须用来对付火炮。正如尼尔·巴尔在《战争钟摆》中所记载的，弗赖伯格中将指出："我们都意识到，装甲部队攻击火炮墙听起来像是另一场巴拉克拉瓦战役（指战役中的轻骑兵冲锋），这完全是步兵的工作。但现在已经没有步兵可用了。所以我们的装甲部队必须承担这份工作。"但还是实现了突破。

隆美尔意识到自己的处境毫无希望，于是给希特勒发了一封信："经过10天的战斗，我军的兵力已消耗殆尽，现在已无力对敌人的下一次突围行动进行有效抵抗……由于我军车辆严重不足，非机动化部队似乎不可能有序撤退……在这种情况下，我们需要考虑到最坏的结果：军队会逐渐被摧毁。"第二天，希特勒回信，命令他坚守阵地。隆美尔觉得自己被要求完成不可能完成的任务，于是他决定采取权宜之计，意大利部队坚守阵地，隆美尔将非洲军团后撤6英里。

但第8集团军正在追击途中，布拉德肖中士觉得庆祝胜利还为时尚早。"我还是有点怀疑"，他说，"我和隆美尔交战了很长时间，以前我们也曾以为打败了他。"

"但当我看到那些被击毁的坦克，其中一些还是最现代化的、装有75毫米火炮的Mk IV型增压坦克，还有战场上的反坦克炮、死者和俘虏——这满目疮痍的景象时，我看不出他还能恢复过来。"

序幕的终结

苏格兰高地警卫团的约翰·麦格雷戈中尉非常高兴。"军队的自豪感得到了极大的提升。第8集团军这个称号已众所周知，人人都想加入。它几乎是从默默无闻中崛起，成为一支新生的军队，对人们来说意义重大。"

丘吉尔欣喜若狂。11月10日，他在官邸演讲："除了鲜血、辛劳、泪水和汗水，我从未许诺过任何东西。现在，我们经历了一场前所未有的胜利，一场非凡且确切的胜利。明亮的光芒照亮了我们士兵的头盔，温暖并鼓舞了我们所有人的心……这不是终点，甚至也不是终点的开始，但或许，它标志着序幕的终结！"

蒙哥马利现在沿着北非海岸向西追击隆美尔，夺回了战役初期沦陷的城镇、城市和港口。而在北非战区的最西部，还有令人振奋的消息：一支英美联军的舰队已经抵达，其部队和装备正在摩洛哥和阿尔及利亚的法属殖民地登陆。火炬行动大幕开启。

逮捕：一名德国人从一辆坦克座舱里站起来，高举双臂向赶来逮捕他的盟军战士投降

美军抵达

火炬行动原名"体育家行动",是美国和英国在法属北非,特别是摩洛哥和阿尔及利亚登陆的行动代号。阿拉曼战役的胜利近在咫尺,盟军只要占领北非海岸的西端,就能以钳形攻势困住撤退的隆美尔。蒙哥马利和第8集团军将乘胜向西追击隆美尔,而新登陆的英美军队将向东移动,围困隆美尔。

抵达:1942年火炬行动期间,美军在阿尔及利亚奥兰附近的阿尔泽登陆后向内陆进发

▶美军参战：1942年11月，火炬行动期间，美军在一艘登陆艇上等待在奥兰登陆

策划火炬行动

随着隆美尔的逃亡，第二支盟军部队将在北非登陆，但英美谈判证明这绝非易事。

火炬行动的起源可以追溯到1942年夏天。当时，苏联领导人约瑟夫·斯大林向英美两国施压，要求他们在欧洲开辟新战线，以减轻德国在1941年6月22日入侵苏联后，苏军所承受的巨大压力。美国倾向于1943年春季在法国登陆，届时美军训练更有素、装备更齐整。鉴于行动的复杂性，英国首相温斯顿·丘吉尔提出，应在意大利开辟欧洲战场新战线，他认为意大利是欧洲大陆的"软肋"。

这一行动涉及在法属北非地区登陆并向东推进，将已溃不成军的隆美尔部队困住，并与第8集团军会合。随后，盟军将穿过地中海，抵达西西里岛，再继续前往意大利。美国总统富兰克林·罗斯福支持丘吉尔的计划，在北非进行登陆。但事实证明，有关具体细节的谈判困难重重。

美国陆军参谋长乔治·C. 马歇尔将军主张美国应首先集中力量击败欧洲的纳粹德国，然后再解决远东方面来自日本的威胁。对有限资源的竞争导致美方缩减了在北非的军力部署。

谈判期间，由于丘吉尔人在中东和莫斯科，因此缺席了大部分谈判。丘吉尔开始担心美国会对整个行动失去兴趣。

正如英国军事行动总监约翰·肯尼迪少将在8月所述："整个行动极其危险，成功的唯一希望是美国人与我们齐心协力，全力投入。但他们在行动中的敷衍态度和投入之少，几乎令人难以置信。"这是1942年8月，丘吉尔将蒙哥马利任命为第8集团军指挥官，第二次阿拉曼战役打响前夕。

傀儡政权

登陆地点由法国维希政府控制。在菲利普·贝当元帅的傀儡政权下，法国维希政府控制着法国未被德军占领的部分领土。

在法国维希政府控制的北非领土上，大约有12.5万名士兵，以及海岸炮兵、210辆坦克（其中大部分已经过时）和大约500架飞机。在摩洛哥西部的卡萨布兰卡海港，约有10艘军舰和11艘潜艇。

这些法国军队几乎不会进行抵抗。在1940年德国入侵之前，法国一直是美国和英国的盟友。他们肯定不愿意参战，并将登陆视为友好军事行动吧？鉴于此，登陆的美军接到命令，除非首先遭到攻击，否则不得开火。不过，法国海军可能会带来麻烦。

1940年7月，英国海军曾袭击了法国海军在阿尔及利亚米尔斯克比尔港的舰队，以防止这些舰艇落入德国人手中。在这次袭击中，一艘法国战列舰被击沉，另外5艘战舰严重受损，1297名法国军人丧生。他们会对英国人怀恨在心吗？正如历史学家安德鲁·罗伯茨所说："星条旗在北非可能会受到欢迎，而英国国旗则会迎来子弹。"

因此，罗斯福建议最初的登陆行动应完全由美军执行，这让英方感到惊愕。罗斯福最终还是决定妥协，与英军一起登陆。

火炬行动选择了三个登陆地点：卡萨布兰卡、奥兰和阿尔及尔。乔治·巴顿少将指挥的西部特遣部队的目标为法属摩洛哥的卡萨布兰卡。但直接登陆卡萨布兰卡风险太大，因此他们没有选择直接登陆这个著名的小城，而是计划率领3.5万人的部队先在萨非、费达拉和迈赫迪耶登陆，再向卡萨布兰卡进发。

在阿尔及利亚北海岸，劳埃德·弗雷登道尔少将将率领1.85万人的中央特遣部队登陆奥兰。奥兰是一个大港，附近有几个空军基地，在盟军直布罗陀基地的飞行范围之内。攻占奥兰可以集结盟军的空中力量。

最后，由查尔斯·莱德将军指挥的东部特遣部队的两万名官兵将在阿尔及尔登陆。阿尔及尔是盟军迫切希望夺取的另一个重要港口。突尼斯市靠近轴心国在西西里岛和撒丁岛的空军基地，因此盟军排除了在此登陆的可能性。而因缺乏资源，突尼斯边境阿尔及利亚一侧的一个登陆地也被排除在外。因此，盟军决定在卡萨布兰卡、奥兰和阿尔及尔附近登陆，目的是尽快消除维希法国的威胁，并随后快速向突尼斯东部推进。

两栖登陆

此次行动的总指挥是美国的德怀特·艾森豪威尔将军。英国海军上将安德鲁·坎宁安负责指挥远征军，他的副手海军中将伯特伦·拉姆齐负责棘手的两栖登陆行动。

美国驻阿尔及尔领事罗伯特·丹尼尔·墨菲与维希法国当局进行了会谈。包括法国驻阿尔及尔总司令查尔斯·马斯特将军在内的几名高级军官愿意支持英美联军，但要求与一名盟军高级军官会面。

在一次代号为"旗杆"的行动中，马克·韦恩·克拉克少将被派往阿尔及利亚，乘坐伪装成美国军舰的英国皇家海军"塞拉夫"号潜艇。他发现，虽然法国海军反对美国介入北非，但陆军和空军却支持美国。克拉克赢得了法国陆军军官亨利·吉罗的配合，并被晋升为中将。

可望可即：1942年火炬行动期间，一艘驶入阿尔及尔港的运输船甲板上的美军

在卡萨布兰卡、阿尔及尔和奥兰登陆

盟军在法属北非地区登陆,维希法国军队将会视他们为敌还是友?

1942年11月火炬行动中的登陆是第二次世界大战中首次大规模两栖登陆，也是美国人和英国人之间的首次合作。这些士兵从1940年起就开始练习两栖登陆，训练有素。他们大部分是英国人和美国人，但加拿大、荷兰和自由法国的士兵的加入也增强了他们的实力。在行动的第一阶段，110艘运兵船在200多艘军舰的护航下运载了10.7万名士兵。保密工作一直很严格。即使德国和意大利的情报部门获知联军海军集结的消息，也不知道集结的目的和登陆地点。

事实上，士兵们也是出了海才得知他们此行的目的地和原因。正如历史学家戴维·伊斯比所解释的："出海后，士兵们才得知他们的目的地是法属北非。他们希望成为法国人的解放者，而不是对手。"

舰队集结

第一支船队于10月2日从格拉斯哥出发。运兵船于10月22日到11月1日期间陆续启程，整个舰队于11月4日在直布罗陀完成集结。次日，舰队仅用33小时就通过了直布罗陀海峡。11月8日，在英国皇家海军潜艇发出的红外信号光束引导下，舰艇在预先安排的登陆地点附近集结。登陆开始了。

在卡萨布兰卡周围，西部特遣部队按计划在三个地方登陆。在"黑石行动"中，美军第47步兵团在萨非登陆，该地位于所有登陆地点中的最西边。在欧内斯特·哈蒙将军的指挥下，部队在拂晓前抵达，登陆时没有再进行掩护，因为他们预期维希法国军队不会对他们进行攻击。但事实并非如此。维希法国军队的海岸炮台开炮了，盟军舰队还击，敌方狙击手将盟军第一波登陆队员暂时压制在了海滩上。吉罗总司令做出的合作承诺似乎并没兑现。

盟军的空袭为登陆行动提供了重要支持。在马克斯·黑斯廷斯爵士的著作《人间地狱》中，一位维希法军炮兵连的外籍军团成员回忆起他们的阵地被美军飞机轰炸的场景："5分钟内，所有战斗都宣告结束。第一枚炸弹落下时，我躲到了掩体中。当我再爬出来的时候，我们30名士兵和一名军官中，有15人阵亡，另有10人受伤。两门大炮被摧毁，两辆卡车严重损坏。当我看到战友们四散奔逃时，我的内心有一瞬间感到无比痛苦。自法国沦陷以来，我们一直期盼着自由，但从未想过以这种方式。"维希法军迅速崩溃，萨非的守军在当天下午就投降了。到了11月10日，哈蒙将军已经控制了该镇，开始准备向卡萨布兰卡进发。

西部特遣部队的主力步兵在卡萨布兰卡以北12英里的费达拉小渔村登陆，开展了代号为"灌丛"的行动。乔纳森·W.安德森少将在此指挥数个步兵团作战。而在东侧，卢西恩·特拉斯科特将军则指挥了"门柱行动"，在迈赫迪耶和利奥泰港两个城镇展开激烈争夺，直到11月11日，才彻底将其攻下。

西部特遣部队总司令乔治·巴顿少将素以勇猛善战著称。他的副官查尔斯·邓菲上校在马克斯·阿瑟的《第二次世界大战：被遗忘的声音》一书中回忆了北非战争期间，阿拉曼战役后发生的一件事：

"巴顿下了一道命令，'军团的士兵至少要有个士兵的样子，每个人都必须戴钢盔，不能再戴这种针织帽。'我开着吉普车送他，路过一个戴针织帽的军官时，巴顿大喊'站住！'，下车揪住军官的脖子，像摇兔子一样摇晃他。巴顿把那个军官的帽子摘下来扔在地上，并罚了他10美分捐赠给红十字会。我说，'等等，将军。这是不是有点粗暴？'他说，'这事今晚就会传遍整个军团，你就再也不会见到那种该死的帽子了。'我必须承认，我再也没有见过那种帽子。"

但巴顿也有柔软的一面。邓菲回忆起北非战争后期发生的另一件事。"我们正在前进，但被堵住了。巴顿派军团第二指挥官布拉德利将军和我，带着他的助理副官——一个叫杨森的男孩前去查看情况。巴顿非常喜欢这个男孩。我们打算去问问师长为什么停了下来。我现在回想，我们把吉普车停在一起相当愚蠢，三辆容克车开了过来，打开炸弹舱门，扔出炸弹，正好落在我们中间。杨森被炸死，我被炸伤，但布拉德利将军很幸运，没被击中。我住院时，巴顿来找我问杨森的事，我就告诉了他。他坐在病床上，泪流满面。"

中部特遣部队在奥兰以西的两个海滩和以东的一个海滩登陆。维希法军护航舰队的出现造成了行动推迟，部队在浅水区登陆时遇到了一些困难。盟军从中吸取了教训。此后像"霸王行动"这样的两栖登陆，都要先进行侦察登陆，以评估当地情况。维希法军的军舰冲出港口攻击盟军舰队，但全部搁浅或被击沉。11月9日，奥兰被盟军占领。

在东部特遣部队登陆之前，400名法国抵抗运动成员发动政变，占领了阿尔及尔镇的主要目标，并包围了北非最高级法国军官阿尔方斯·朱安将军的宅邸。

查尔斯·W.莱德少将指挥了在阿尔及尔周围三个海滩的登陆。几乎没有发生任何意外，11月8日下午6点，盟军占领阿尔及尔。次日，东部特遣部队更名为英国第1集团军，由肯尼思·安德森中将指挥。他命令部队向东推进，夺取阿尔及利亚东部靠近突尼斯边境的布日伊、菲利普维尔和波尼这几个重要港口，以及吉杰勒的空军大本营。争夺突尼斯城的战斗即将打响。

调频：1942年11月，费达拉，突尼斯前线的甘蔗田附近，一支美军步兵部队的电台营地

阿尔及尔的人们为盟军欢呼,并嘲笑运送途中的意大利战俘

火炬行动之后：
战果和余波

隆美尔被逼入绝境，北非的战事是否即将进入尾声？

在阿拉曼取得胜利后，蒙哥马利沿埃及和利比亚向西追击撤退的轴心国军队。11月13日，第8集团军夺回了托布鲁克，一周后，解放了班加西。在北非的另一端，艾森豪威尔率领的美英联军正从阿尔及利亚向东推进。隆美尔在阿拉曼战役后仍在苟延残喘，正向突尼斯撤退。

第8集团军不断前进，其所解放的平民非常兴奋。马克斯·黑斯廷斯爵士在《人间地狱》一书中记载，妇女农业成员①穆里尔·格林在11月11日这样写道："我突然发现这些消息令人兴奋起来。这些年来，我见惯了盟军在埃及频繁地进攻和撤退，所以并没有意识到这次进攻有什么值得庆祝的。美国人在非洲的另一侧发起攻势，这确实是件了不起的事情，我真的觉得胜利就在眼前了。"

在东线作战的苏联军队对这一消息也感到振奋。尼古拉·别洛夫上尉写道："今天传来了振奋人心的好消息：美国人和英国人已经给了德国人沉重的一击。尽管非洲地处遥远，但现在感觉就像近在咫尺。"

法军协议

11月10日，就在盟军首次登陆的两天后，艾森豪威尔和丘吉尔与法国在北非的最高级别军官弗朗索瓦·达尔朗上将签订了一项协议。达尔朗上将被任命为法国驻

---

① Women's Land Army 是英国政府在战时为应对农业劳动力短缺而创办的一个计划。参与这一计划的妇女被称为"land girls"或"land army girls"。她们担任种植、收割等农业劳动工作，替代了参军的男性农民。——译注

北非的高级专员（他为自己起的名号），作为交换，他指示所有维希法国军队停止对抗盟军，改为与盟军合作。与吉罗将军不同，达尔朗上将确实有权签订这样的协议。此举令希特勒勃然大怒。

德国占领法国后，停战协定中的一个条款就是德军不占领法国南部，这样就确立了一个以其名义上独立的政府所在地命名的政权——维希法国。

停战协定的另一个条件是，驻扎在世界其他地方的维希法国军队应抵抗盟军。但在达尔朗与英美签订协议后，希特勒立即命令德军占领整个法国。与此同时，达尔朗并没有在新职位上享受多久。1942年平安夜，他被一名年轻的法国君主主义者暗杀，刺杀者同时也是一名反法西斯分子，他认为达尔朗是通敌者。

战舰烧毁

根据停战协定，位于法国南海岸土伦的法国舰队的58艘战舰仍由维希政府控制，但现在它们成了德军的夺取目标。德国当时正面临船只短缺的问题，这支舰队成了德国的主要战利品，夺取这支舰队的行动甚至有一个代号："里拉行动"。

德国第7装甲师在其他部队的支援下，从东面进攻港口，德国舰艇还在海上巡逻并布设水雷，以防任何法国船只出逃。这次袭击出其不意，尽管德军的主要目标是法国海军要员，但法国海军上将让·德·拉博德还是设法下达了命令：在法国船只被敌方占领前将它们击沉。

让·德·拉博德的命令得到了执行。共有77艘法国船只被击沉，其中包括3艘战列舰、7艘巡洋舰、15艘驱逐舰和12艘潜艇。另有3艘潜艇成功出海，避开了德国海军，在阿尔及尔与盟军会合。德军确实俘获了39艘较小的船只，但大多数船只在被缴获之前就已毁坏。

希特勒还在突尼斯增派了一支重要新部队，他从意大利经由海空路径调来1.7万名士兵和装甲部队。他甚至从东线撤回了400架飞机，将其调往突尼斯，这在一定程度上减轻了苏联红军的压力。是希特勒把这支新军送进了陷阱，还是这支德国新军能从失败的夹缝中夺回胜利？隆美尔似乎认为答案是前者。

11月下旬，隆美尔敦促希特勒放弃北非战场，他坚持认为"航运形势在现阶段不可能有任何改善"。但希特勒拒绝了，声称保留一个主要桥头堡是必要的。看来北非战争尚未结束。

▶燃烧的船只：被击毁的法国舰队在土伦港燃烧，浓厚的黑烟几乎将其吞没

◀秀肌肉：德国卡车和军车驶过突尼斯首都突尼斯城

冲向突尼斯

1942年接近尾声，轴心国和盟军都逼近突尼斯。突尼斯会是盟军进入意大利的桥头堡，还是轴心国反击的策源地？

火炬行动登陆后，英国第1集团军（原东部特遣部队）向突尼斯东部挺进。第3伞兵营先于前进的大军，空降到博恩的空中堡垒，突击队占领了附近的港口。

11月15日，第36旅的先头部队抵达突尼斯北海岸的塔巴尔卡，进入了阿尔及利亚境内。同一天，第8集团军从另一方向推进，攻克了利比亚的德尔纳。美军第509伞兵团第2营的300名伞兵在阿尔及利亚一侧的尤克莱班空军营地着陆，与一支装备简陋但极为友好的法国陆军部队会师。两天后，他们向东进发，占领了位于突尼斯中部的加夫萨空军基地。虽然主力登陆部队尚未抵达，但盟军已经开始崭露锋芒。

空中优势

盟军分两路向突尼斯进发，一路奔赴阿卜伊德山，另一路直指贝雅。11月17日，第1军与敌军首次交锋，阿卜伊德山方向的先锋部队遭遇了由17辆坦克、400名伞兵及自行火炮构成的轴心国军队。虽然摧毁了11辆坦克，但在持续了九天的激烈战斗后，盟军不得不选择撤退。

德军的增援部队正源源不断地前往突尼斯。从11月12日到月底，有超过1.5万人、多辆坦克和大量物资通过突尼斯空运过来。事实上，突尼斯离轴心国空军基地更近，而盟军飞机不得不长途飞行。因此在突尼斯，德国空军享有优势，并将其发挥得淋漓尽致：盟军纵队向新战区推进时，遭到了轴心国空军疯狂的扫射和轰炸。

11月17日，瓦尔特·内林将军抵达非洲，指挥德军的增援部队。法国在突尼斯的高级军事指挥官乔治·巴雷将军感觉无法应对如此大规模的轴心国增援部队，立刻宣布中立，并将部队撤回山上。他在那里设置了一道防线，并宣布任何试图越过防线的人都将被枪决。

11月19日，内林将军要求法军让他的军队通过迈杰兹巴卜的桥梁，但是被巴雷将军拒绝。德军发动了两轮进攻，后遭到了法军反击。由于缺乏装甲车辆和火炮，法军虽然成功延阻了德军，但最后不得不撤退。

随后，内林组织强迫劳动小组修建防御工事。犹太社区的领导被迫招募犹太劳工无偿工作，劳工们甚至必须自备食物和工具。意大利人对此表示反对，并坚持要求拥有意大利国籍的犹太人可以免除劳役。当时突尼斯约有8.5万名犹太人，其中约5000人是意大利公民。据马丁·吉尔伯特的《第二次世界大战全史》，纳粹宣传部长约瑟夫·戈培尔在12月的日记中写道："意大利人对待犹太人过于宽容。他们在突尼斯和法国沦陷区保护意大利犹太人，不允许他们被征召入伍，也不强迫他们佩戴大卫之星①。"

30多个劳改营的条件非常糟糕。那些不适合劳作的人被"罚款"，理由是"国际犹太人"应对突尼斯遭受的轰炸负责。以此方式收缴的"罚款"大约共5000万法郎。

盟军的补给成了问题。现在他们的补给线很长，而敌人的补给线相对较短。这与奥金莱克和蒙哥马利年初在阿拉曼面对隆美尔时的情况截然相反。

指挥西部特遣小纵队，在摩洛哥迈赫迪耶和利亚提港执行登陆任务的卢西恩·特拉斯科特将军对此记忆犹新。他后来写道："补给是北非各指挥部最头疼的问题，后勤部队和运输工具仍然匮乏。在北非，很少有部队拥有满额配置的运力。从奥兰和阿尔及尔向东去的唯一一条铁路线因年久失修而几乎停用，机头和车辆都不够用。"

"从阿尔及尔向东的两条主要公路，一条沿着海岸线，另一条则深入内陆。尽管这两条公路都已铺设路面，但维护状况并不理想。两条路线都要穿越崎岖的山区，路面坡度陡峭，转弯频繁，桥梁众多。"

但在1942年11月25日，肯尼斯·安德森中将的英国第1集团军准备行动了。在一场三管齐下的进攻中，位于北部的第36步兵旅将从阿卜伊德山挺进，拿下杰尔法（Djelfa），然后向马特尔（Mateur）推进。中部则由第78步兵师的两个旅、第

---

① 大卫之星，又称犹太六芒星，是犹太教和犹太文化最著名的象征之一。——译注

6装甲师的一个装甲团以及炮兵部队提供支援。

这支部队被称为"刀锋部队",由理查德·哈尔上校指挥。他们将穿越山区,沿小路前进,与向南进攻的英国第11步兵旅会合。第11步兵旅将攻占迈杰兹巴卜,并向泰布尔拜推进。泰布尔拜距突尼斯城不到25英里,届时突尼斯首都将近在咫尺。

"刀锋部队"在取得初步可观的战果后,遭遇了德军装甲集团军的阻击。南部的英国第11步兵旅成功包围了德国科赫战斗群,这让内林不得不动用所有可用的飞机来阻挠盟军进攻。但内林最终未能阻止盟军,盟军部队穿越迈杰兹巴卜后,他只能选择撤退,并在距离突尼斯首都仅有15英里的朱代伊德重新布防。

在北部,第36步兵旅向马特尔推进,迫使内林将军重新布防。到了11月底,轴心国又从他们固守的阵地发起了反击,阻止了盟军进一步推进。而此时盟军离突尼斯城仅有19英里。

激战长停山

轴心国军队的反击成功地推回了盟军的防线,直至12月10日,盟军才勉强抵达迈杰兹巴卜以东地区。但这并不足以扭转内林的颓势。在突尼斯,负责全面指挥轴心国军队的凯塞林失去了对内林的信任,后用汉斯·于尔根·冯·阿尼姆上校将其替换。

战斗陷入了僵局,双方都在利用这段时间重新集结,增强实力。到12月下旬,突尼斯共有英军5.4万人、美军7.38万人和法军7000人,轴心国军队有约12.5万人的作战部队和7万人的后勤部队,其中大部分是意大利人。是时候发起新的攻势了。

12月22日,美英联军攻上了长停山,这是一块重要的高地,可以俯瞰进入突尼斯城的重要通道。然而,最初的胜利未能持久,德军很快就重新夺回了这个山头,迫使弹药不足的盟军在节礼日当天撤回到之前的防线。1942年盟军的最后一次进攻以400人死伤宣告失败。

艰难的战役

将战役推向突尼斯给盟军带来了困难，
而德国最高统帅部却对隆美尔失去了信心。

突尼斯所处的位置易守难攻。这对盟军来说是巨大的挑战，而对守敌来说是无可辩驳的优势。东西方向，突尼斯夹在利比亚和阿尔及利亚之间，其北部和东部大部分地区都濒临地中海。它与北面的意大利隔海相望，马耳他则位于突尼斯和西西里岛之间。

这给轴心国军队带来了后勤优势。如前所述，阿拉曼战役的情况发生了逆转，轴心国军队现在的补给线很短（从意大利南下即可），但盟军两支军队的补给需要从相当远的地方运过来。

隆美尔的另一个优势是地形。北非沙漠大部分地区地形单一，开阔空旷；而突尼斯则拥有众多山脉。突尼斯北部与阿尔及利亚交界的广大地区横亘着阿特拉斯山脉，这使得该地区更易于防御。而南部的马特马他山虽不如阿特拉斯山脉高耸，但同样提供了良好的防守条件。

从利比亚通往突尼斯的要道位于这两块高地之间，且已经设防。1936年至1940年，法国人在梅德宁和加贝斯之间修建了一条宽12英里、纵深19英里的防御工事，被称为马雷斯防线。该防线大致参照了法国与德国边界著名的马奇诺防线，旨在防止意大利通过利比亚入侵。实际上，它经常被称为"沙漠马奇诺防线"。

隆美尔的担忧

隆美尔此时已从埃及沿北非海岸一路撤退，已几乎进入突尼斯境内，他对这些防御工事的防御能力半信半疑。

1943年1月26日，隆美尔第一次视察这些防御工事时发现，法军的防空洞陈旧过时，不足以抵御炮火攻击，但南部的碉堡却能很好地防御坦克。中部的齐格扎乌河谷十分陡峭，是装甲部队几乎无法逾越的天堑，但坦克可以开过北面的盐沼。更糟糕的是，整个防御工事有被从南面包抄的可能。

他建议在西面更远的加贝斯设立据点，但遭到了最高指挥部的否决。最高指挥部希望守住德国在突尼斯的占领区，以集结部队准备反击。

德国和意大利最高统帅部以及德国驻意大利部队总司令阿尔贝特·凯塞林元帅都对隆美尔失去了信心。尽管隆美尔在阿拉曼战役之后，面对具有压倒性优势的盟军，展现了卓越的组织撤退的能力，以最小的伤亡完成了撤离，完成了"战争史上最辉煌的撤退之一"，但他们仍认为隆美尔的撤退违背了希特勒和墨索里尼的命令，他不再是一个称职的指挥官。他们以健康为由下令将隆美尔召回，由曾担任意大利驻苏联部队指挥官的乔瓦尼·梅塞将军接替。而这位将军对德国人怀有很深的敌意。

隆美尔陷入了沮丧之中。他觉得自己成了他人失败的替罪羊，他的想法并非没有来由——尤其是凯塞林的盲目乐观（他被盟军昵称为"微笑的阿尔贝特"）以及德国最高统帅部对北非局势的估计不足。

虽然他对从意大利调来的增援部队表示感谢，但他认为如果这些增援部队能在战役早期到达，他就能挺进埃及并取得胜利，而不是被困在阿拉曼。之后再增派部队、装甲车辆和其他装备都只能是拖延时间，而无法扭转局势。他还为他的部下感到担忧，他觉得士兵们被扔到了狼群中，成为牺牲品。他写道："我很珍视我的士兵。"

12月28日，隆美尔给他的妻子写了一封信，其中绝望的情绪一览无遗。他写道："亲爱的露西，我们的命运正在逐渐显现。补给非常困难，只有奇迹才能让我们撑下去，现在的情况我们只能听天由命了。只要有可能，我们就会继续战斗。上次我们在一起时，我就预见到了这一点，并与你讨论了最重要的事情。"

英军的推进

尽管隆美尔可以自行选择何时向继任者交接工作，但他还是要求尽快将梅塞派往北非，以便向梅塞汇报情况。梅塞将军于2月2日抵达，他的张扬和乐观让隆美尔坚信在局势更加稳定之前不应移交指挥权。

此时，英国第8集团军已经攻占了此前于1月23日落入轴心国军队手中的的黎波里。蒙哥马利现在距离突尼斯边境只有250多英里，并已占据了一个重要的补给港口。然而，隆美尔的出色撤退使他的部队得以逃入突尼斯，并于2月4日抵达马雷斯防线以南。战斗打响了。

开炮：的黎波里战役开始时，一辆戴姆勒装甲车在阴暗的清晨开火

▶秘密行动：英国沙漠远征团（后来的特种空勤团，SAS）的士兵完成了为期三个月的敌后侦察任务后返回

西迪布济德战役和卡塞林山口战役

战役正朝着盟军希望的方向发展，但两次失败表明敌人不容小觑。

英国第1集团军的指挥官安德森中将的战绩给艾森豪威尔将军留下了深刻的印象。他这样写道："尽管士兵们和指挥官缺乏经验，但安德森将军麾下的军人所展现出的胆量、勇气和坚韧，即使是经验丰富的老兵也望尘莫及。"

"恶劣环境几乎让人无法忍受，运送补给品和弹药是一项艰巨的任务。周围泥泞不堪，日益恶劣，只能在道路上作战，很多道路几乎已经坍塌。突尼斯高原冬天的寒意已然袭人。尽管环境如此恶劣，尽管安德森的兵力严重不足——他的部队仅有三个旅的步兵和一个过时的坦克旅——他仍然坚持不懈地推进。"

在卡萨布兰卡的会晤中，英国首相丘吉尔与美国总统罗斯福共同策划了战争的下一步行动，意味着整个战争出现了新的转折。盟军在北非的胜利之后，将目标转向西西里岛和意大利其他地区，并计划在1944年实施跨英吉利海峡的法国登陆行动。

也许更重要的是，盟军决定将战争进

勇者必胜：第一支特种空勤团

这支令人闻风丧胆的特种部队，后被称为特种空勤团，是英国陆军军官大卫·斯特林心血的结晶。蒙哥马利将军曾评价大卫·斯特林为"彻头彻尾的疯子"。斯特林发现一支小型突击队能在敌后发挥巨大作用，于是在1941年成立了这支部队。虽然它的首次任务以悲剧告终，三分之一的队员阵亡或被俘，但第二次任务取得了胜利。他们袭击了利比亚的三个机场，炸毁了60架飞机。其他任务还包括破坏敌方补给站、运输和通信线路及敌方车辆。

行到底。1月20日，丘吉尔说："美国和大英帝国的坚定目标是继续不屈不挠地进行战斗，直到迫使德国和日本无条件投降为止。"

没有任何条件，只有无条件投降。有趣的是，丘吉尔没有提及意大利，他认为这将增强疲惫不堪的意大利公民对盟国的支持和对墨索里尼的反对。这是一个明智之举。

德国自然在宣传方面充分利用了这一声明。正如哈索·冯·曼托菲尔将军所说："盟军要求无条件投降，以及他们持续声称德国必须被摧毁……这加强了德国人民战斗到底的决心。盟军没有提供其他选项。"

也是在1月，英国特种空勤团的创始人大卫·斯特林被隆美尔的部队俘获，当时他们正在向西进入突尼斯。正如隆美尔自己所说："我们的一些高炮手在突尼斯成功突袭了在突尼斯的英国沙漠远征团的一个纵队，并俘虏了英国特种空勤团的指挥官大卫·斯特林中校。由于看守不严，他设法逃脱，随后找到了几个阿拉伯人，答应给他们一些报酬，只要他们能帮他返回英国阵线。但显然他的出价太低，这些阿拉伯人一贯精于生意，以11磅茶叶的价格将他卖给了我们——我们很快就敲定了这笔交易。"斯特林最终被送往科尔迪茨城堡，在那里一直待到了"二战"结束。

关键目标

1944年1月30日，在突尼斯西北部，新抵达的轴心国军队与火炬行动中登陆的盟军展开了对峙。德国新任命的非洲集团军总司令冯·阿尼姆上校率领的部队在战略要地法伊德山口附近与法军发生了遭遇战。他迅速压制了装备不足的法军，并成功击退了法军的多次反攻。

冯·阿尼姆上校的下一个目标是西迪布济德。2月14日，海因茨·齐格勒中将率领从第10和第21装甲师抽调的约140辆坦克，从法伊德山口向西进入阿特拉斯山脉。在沙尘暴的掩护下，第10装甲师于黎明出击。记者厄尼·派尔对此记忆犹新。他说："他们涌向我们，发起了冲锋。他们彼此并没有靠得很近，大概相距几百码。没有形成队列或任何特定队形。"

激战持续了整个上午，约有20辆德国坦克被击毁。第二天，美军的一次反击未能阻止德军的推进，美军被迫撤退。美军第2军团损失惨重，损失了2546名士兵（包括阵亡、受伤和失踪）、103辆坦克、280辆汽车、18门野战炮、3门反坦克炮和1组相连火炮。

美军第2军团随后向西撤退至卡塞林山口，这是穿越阿特拉斯山脉的重要通道，也是通往阿尔及利亚的门户。德军侦察部队发起的一次打击未能取得突破后，隆美尔在2月19日到达战区，对形势进行了评估。他下令非洲军团突击队从菲里阿纳出发，并将第10和第21装甲师并入他指挥的德意装甲集团军，由他亲自指挥作战。

火箭攻击

事实证明，美军虽然勇敢，却缺乏经验；尽管装备精良，但他们的武装力量不足以击退坦克的攻击。其中一个主要原因是德国引进了涅贝尔维尔法火箭炮，这是该武器首次在北非使用，给美军步兵造成了巨大伤亡。

2月21日，轴心国部队兵分两路，隆美尔亲自率领第10装甲师向塔拉挺进，而一支规模较小的德意联军则进一步向西移动，靠近阿尔及利亚边境的海德拉。此时，"沙漠之狐"又重新受到青睐。凯塞林曾提议让他指挥非洲军团，但隆美尔知道希特勒想让冯·阿尼姆担任这一职位，于是他拒绝了。

为了保护海德拉的重要补给站，盟军调来了增援部队。2月22日，经验丰富的英国步兵在炮兵的支援下抵达前线。轴心国军队遭到了轰炸，虽然损失了许多坦克，但他们的防线还是守住了。但在第二天的黎明前，隆美尔向东撤退了——这并不是因为他被盟军的报复性打击击退，而是为了阻挡从利比亚推进的英国第8集团军的进攻。

隆美尔撤军后，盟军重新占领了卡塞林山口，但这仍然是一次重大失败。轴心国军队大约损失了2000人，相比之下盟军却失去了超过1万名士兵，而且美军在被迫撤退时，大量装备被遗弃。

正如历史学家查尔斯·R.安德森教授所言："最让人感到羞辱的是，终结这一系列灾难性失败的，并不是美国坚定的信念，而是轴心国的战略重点发生了转移。"

历史学家马克斯·黑斯廷斯爵士认为："美国人学到了以前德国人强加给英国人的教训：对方装甲的质量、行动和反应速度都优于他们，以及德国人是如何充分利用每一个优势无情压制他们的。"

《纽约时报》军事记者德鲁·米德尔顿对此表示赞同："这让部队直面一个事实：德军非常厉害，这将是一场艰苦而又持久的战斗。军队从不向其他军队学习，所以他们必须自我学习。我们在卡塞林使用的许多战术，导致了灾难性的后果。而这些战术就是英国人两年前在西部沙漠使用过——同样导致了灾难性的后果——然后又放弃的战术。"

英国皇家空军下士彼得·巴克斯特也在日记中写道："我认为美国人只是缺乏实战训练，也许他们并不太清楚为何与德国人作战。在我们视线所及范围内，他们无处不在，覆盖了沙漠的左侧、右侧、前方、后方，所到之处，沙土飞扬。仿佛有什么官方的发令员开了一个空枪，战斗就开始了。"

这场战斗共有200多辆坦克参加，但美军装甲部队过于分散，德军装甲部队很快就突破了他们的防线。德军的推进速度很快。根据英国官方对当天战斗的总结，"德军的北进取得了初步成功。至上午7点15分，他们的20辆坦克已抵达西迪布济德东北5英里处，并对该村庄进行了俯冲轰炸。到中午时分，50辆敌军坦克伴随步兵和炮兵，无视美军的小规模反击，推进至勒苏达山西北坡，并朝着西南方向的法德-斯贝利公路继续推进。"

寻找诡雷：卡塞林山口，一次成功反击后，美国士兵在检查一辆被俘的意军坦克

盟军占上风

隆美尔的非洲军团被两军夹击，失败的结局似已注定。

1943年2月，盟军和轴心国军队的指挥部都进行了重组。2月20日，哈罗德·亚历山大爵士到任，在德怀特·艾森豪威尔将军麾下担任法属北非盟军副总司令。他负责指挥新成立的第18集团军司令部，并在此协调第1集团军和第8集团军的行动。他制定的行动计划是，第8集团军在第1集团军的支持下，推进至加贝斯以北的地区。两军的目标是夺取至关重要的制空权，为盟军在此展开空中行动提供条件，进而围剿并削弱突尼斯境内轴心国的战斗力。亚历山大爵士计划在4月30日之前完成这一目标。

轴心国军队也成立了一个联合指挥部，即非洲集团军群。在凯塞林的坚持下，隆美尔被任命为总指挥。隆美尔向其麾下两位陆军指挥官汉斯·于尔根·冯·阿尼姆上校和乔瓦尼·梅塞将军征询他们对战局的看法，两位指挥官均表示形势岌岌可危。他们面临的挑战是，仅凭12万士兵和150辆装甲车，就要抵挡21万名盟军士兵和超过1200辆坦克，并守卫一条近400英里长的防线。隆美尔提出缩短防线的建议未获采纳，希特勒与凯塞林坚持通过局部进攻来迫使盟军处于被动防御的地位。

阻击战

3月6日，德军第90和第164轻步兵师以及第10、第15和第21装甲师在梅德宁向第8集团军发起进攻。他们于清晨6点发起攻击，目的是阻延盟军对马雷斯防线的预期攻势。马雷斯防线是法国为了阻止敌军从利比亚方向侵入突尼斯而建起的防御工事。但轴心国的通信被厄尔特拉情报系统（"ULTRA"的音译，也称"超级机密"）截获并破译，提前警告了这次攻击。在北非战役中，这种破译不是第一次，也不是最后一次。第8集团军占据了坚固的防御阵地，其火炮和反坦克炮对隆美尔的装甲部队进行了猛烈的轰炸。黄昏时分，德军进攻失败，损失了50多辆坦克。

没有参与此次战斗的隆美尔开始绝望。"第8集团军的进攻已迫在眉睫，我们必须面对它。但我们无法干扰蒙哥马利的准备工作，一片阴霾笼罩着我们所有人。集团军继续留在非洲简直就是自杀。"但隆美尔本人并没有留在非洲。3月10日，他在乌克兰的"狼穴"元首指挥部与希特勒会面，再次试图说服希特勒从突尼斯撤军。希特勒在斯大林格勒失利后情绪低落，拒绝了。隆美尔被安排休病假，不得返回北非，其指挥权由冯·阿尼姆接替。

发现动向

蒙哥马利对马雷斯防线的第一次进攻以失败告终。3月16日，第2新西兰师在伯纳德·西里尔·弗赖伯格中将的率领下，出动2.7万人和200辆坦克，突破了马特马他山（Matmata Hills）以南的意大利步兵防线，第30军团的两个师则在北部发起进攻。部队的动向被敌方发觉，因此失去了出其不意的效果，两次进攻都没有取得进展。

"拳击家行动"于3月19日展开，英国第8集团军第30军团向马雷斯防线发起了新一轮进攻。第50（诺森伯兰）步兵师成功穿越防线，但受限于地形和天气，坦克无法提供支援。3月20日晚10时30分，第二次进攻开始，盟军发动了自阿拉曼战役以来最大规模的炮击。此时，左翼的弗赖伯格也正在稳步推进，而意大利人梅塞正如蒙哥马利所预料的那样，开始时并不确定要先对付哪头的进攻。3月22日，德军第15装甲师将无装甲支持的第50步兵师逼退，夺回了大部分桥头堡。

来自第4印度步兵师的廓尔喀团也没闲着。正如军情处的弗朗西斯·德·古因甘德少将所回忆的："他们的主要任务是打击哨所，摧毁该地区开火的任何大型炮，总的来说就是制造恐慌和沮丧。他们似乎玩得很开心，在黑夜中悄无声息地挥舞着刀刃。我相信德军对此非常烦恼。我记得一份很特别的廓尔喀团战报，战报上写道：'敌人损失十人，我方无人员伤亡。弹药消耗为零。'"

在对马雷斯防线的进攻被击退后，蒙哥马利部署了第10军团的第1装甲师，这支部队此前一直作为预备力量，以随时打开突破口。蒙哥马利将其投入弗赖伯格略显颓势的战斗中，弗赖伯格的部队由此得

蓄势待发：1943年，突尼斯埃尔盖塔尔山谷，美军炮组成员坐在伪装的炮位内等待命令

到补充并重新焕发活力，成功夺取了泰拜尔盖缺口和哈迈。正如隆美尔在1月视察时所担心的那样，防御工事一旦被包抄，轴心国就难以守住那里的阵地。由于马雷斯防线失守，他们只能撤退到加贝斯，建立新的防线。

不许后退

轴心国军队目前正在撤退。1943年3月23日，美军第2军团在盖塔尔战役中遭遇了德军第10装甲师。美军的防线迅速被突破，第1步兵师的指挥部也面临严峻威胁。他们的指挥官泰利·德·拉·梅萨山艾伦少将拒绝撤退。他说："我绝不后退，有人敢撤退，我就亲手毙了他。"虽然德军装甲部队在与美军的交战初期尝到了些甜头，但不久后他们就陷入了美军布设的地雷区，并受到了反坦克炮的有效压制。在损失了30辆坦克之后，德军被迫撤回加贝斯。

1943年4月6日，第1集团军右翼与第8集团军成功会师。盟军两支强大的部队，即阿拉曼战役后蒙哥马利率领的从埃及向西推进的部队，以及艾森豪威尔将军率领的火炬行动登陆后向东推进的部队，已经联合起来，准备共同发起最后一击，将德国和意大利人永远逐出非洲。

盟军随后攻占了瓦迪阿卡里特。其守军意大利海军陆战队负隅顽抗，但最终徒劳无功。英国第8集团军和美军第2军团向前推进，最终突破了敌人的防线。轴心国军队在加贝斯的阵地远没有预想的那么坚固，部队的掘壕能力较差，防御阵地的准备也不充分。第8集团军突破了防线，轴心国各师很快再次被迫后撤，放弃了新防线，向北逃窜。

紧急措施

在北段，补给和弹药越来越少。3月29日，汉斯·于尔根·冯·阿尼姆上校向德军最高指挥部发报，"我们的补给严重不足。弹药只够使用一两天，炮弹仓库里什么都不剩了。汽油储备也不允许我们做远距离的移动。补给船只已经几天没来了，给养只能维持一周。"事实证明，阿尼姆上校的部队已经足够有创造力了——他们将葡萄酒蒸馏成汽油，用旧木箱制作水雷，用残破的船体制作铁锹。但这样的应急措施明显不够，轴心国军队逐渐被逼退到突尼斯两端。

此时，就连凯塞林也意识到轴心国的处境毫无希望，因此寻求撤出部分军队。但希特勒坚决要求他的部队战斗到最后一刻。德国海军总司令卡尔·邓尼茨上将恳求意大利海军向突尼斯运送更多补给，但他的请求没有得到回应。

轴心国部队的残部现已命悬一线，他们只能依靠突尼斯北海岸的突尼斯城和比塞大的山丘进行防守作战。由于轴心国军队失去了突尼斯中部地区的重要空军基地，盟军再次取得了空中优势。盟军对轴心国的补给船和突尼斯境内仅存的港口发动了新一轮轰炸。

1943年4月,被围困的德意联军的补给不足最低标准的一半,而盟军则累积了强大的兵力和物资储备。由于胜利唾手可得,盟军把有经验的部队撤出前线,换上新兵,让他们在有利条件下积累战斗经验。

围城之下

轴心国在这一地区的防御工事固若金汤,但也承受着巨大的压力。他们的阵地遭到盟军的猛烈轰炸和空袭,盟军步兵又冲垮了他们残破的防线。到5月初,轴心国军队防御缺口开始显现。盟军发起了"火神行动",对驻扎在突尼斯的德意军队发动了最后的陆地进攻。盟军利用敌人防线上出现的缺口,进一步击退敌军。5月6日,英军在突尼斯西南部发动猛烈攻击,几乎摧毁了德军老练的第15装甲师,为进军突尼斯首都扫清了道路。5月7日,盟军占领了突尼斯城和比塞大。

尽管轴心国已不可能保住阵地,但战斗仍在继续,由于希特勒下令战斗到最后一人,数百名德国人和意大利人无谓牺牲了。非洲军团的残部在突尼斯南部的山上坚持到5月13日,被迫投降了——他们还是投降了。

近25万轴心国士兵拒绝为业已失败的事业献出生命,他们被俘,其中包括非洲集团军群总司令汉斯·于尔根·冯·阿尼姆上校和意大利指挥官乔瓦尼·梅塞将军。

盟军最终取得了突尼斯战役的胜利。正如盟军宣传片《轴心国在非洲被击溃》中所说:"没有人拼命逃离。在大多数情况下,他们甚至没有体面地投降。这是溃败,是彻底的、全面的溃败。一支超过20万人的军队分崩离析。"

◀矛头直指意大利：包括温斯顿·丘吉尔和德怀特·艾森豪威尔在内的盟军最高指挥部成员在讨论"赫斯基行动"计划，即登陆西西里岛

胜利之后

战役胜利了，但战争还没有结束。
对于北非战役的主角来说，故事远未结束……

在北非取得胜利后，盟军部队从突尼斯出发，横越地中海，在1943年7月10日登陆西西里岛。7月25日，墨索里尼被罢免，新成立的意大利政府于8月3日请求停战。9月8日，盟军进入意大利本土五天后，意大利宣布投降。尽管如此，驻扎在意大利的德军并未停止战斗。凯塞林说服了希特勒，意大利的保卫战应尽可能远离德国本土，从而迫使盟军在意大利境内为每一寸土地而苦战。

丘吉尔认为意大利是"轴心国的软肋"，但事实证明他的看法大错特错。马克·克拉克将军后来回顾道，意大利实际上是"一个坚硬的腹肌"。意大利地形易守难攻，纵横交错的山脉贯穿全国，加之那些横跨全国的防御工事，极大地增加了联合作战的难度。突破这些防线，尤其是卡西诺山上的古斯塔夫防线，成为整个战争中最为艰难的战役之一。

伯纳德·蒙哥马利中将（后来的陆军元帅）在意大利战役中指挥第8集团军，在诺曼底登陆期间指挥英国和加拿大联合组成的第21集团军。1944年9月，他说服盟军最高统帅艾森豪威尔将军采纳他的战略，即有针对性地穿过被占领的荷兰进入德国，打击德国的工业中心鲁尔河谷。这是一个大胆的计划，但却徒劳无功。"市场花园行动"未能夺取具有重要战略意义的桥梁，突袭也未能进入德国边境。

战后，蒙哥马利成为英国莱茵军队（占领战败德国的英国军队）的总司令，并于1946年被封为阿拉曼第一子爵。他于1976年在汉普郡的艾辛顿去世，享年88岁。

艾克将军

1943年12月，德怀特·戴维·"艾克"·艾森豪威尔将军被任命为欧洲盟军最高司令。他于1944年6月指挥了盟军代号为"霸王行动"的法国诺曼底登陆,并于同年12月在"突出部"战役中成功抵御并击退了德军突然发动的反击。发现德国集中营后,他命令摄制组记录下这些暴行,将其作为纽伦堡审判的证据。

1950—1953年,艾森豪威尔被委任为北大西洋公约组织的最高指挥官。虽然艾森豪威尔曾多次拒绝进入政界的邀请,但他最终还是代表共和党参加了1952年的总统大选。他的竞选口号"我喜欢艾克"简洁却有效,助他在选举中大获全胜,成为最后一位19世纪出生的美国总统。后来他成功连任美国总统,于1961年卸任。

艾森豪威尔于1969年在华盛顿特区因心力衰竭去世,享年78岁。

隆美尔的结局

命运对隆美尔就没有那么眷顾了。离开北非后,他被调往希腊,担任E集团军群指挥官,以防英军在此登陆。但英军并未在此登陆,因此1943年8月,隆美尔被调往意大利指挥B集团军群,随后又前往诺曼底,监督大西洋壁垒的加固工作。

至此,隆美尔对纳粹政府心灰意冷,并对其暴行深恶痛绝。他不赞成暗杀希特勒,希望看到希特勒被捕并因其罪行受到审判。但在1944年,他被卷入了7月20日的密谋。克劳斯·冯·施陶芬贝格上校及其共谋者试图在会议室安放炸弹刺杀希特勒,未遂。隆美尔因此被捕,但考虑到审判这样一位深受爱戴的将军可能会对士气造成严重影响,希特勒给了他自杀的选项,并承诺在他死后为他举行国葬,他的家人也可以领取全额抚恤金。

1944年10月14日,52岁的隆美尔服下了氰化物药丸,终结了生命。次日,德国广播宣布:"陆军元帅隆美尔因在西线指挥部的一起车祸中头部严重受伤,不幸去世。元首已下令举行国葬。"希特勒宣布了哀悼日,极为讽刺的是,他还向隆美尔的妻子发了慰问电。电报中写道:"在您因丈夫去世而深深悲痛的时刻,请接受我诚挚的慰问。陆军元帅隆美尔的名字将与北非的英勇战斗永存不朽。"

德国失去了一位有才华的军官。丘吉尔在1949年写道:"隆美尔值得我们尊敬。因为尽管他是一名忠诚的德国士兵,但他最终却痛恨希特勒及其所作所为,并参与了推翻这位疯狂暴君来拯救德国的密谋。为此,他付出了生命的代价。在现代社会你死我活的战争中,骑士风度已经难觅踪迹。"

图片所属

5页	©Image Credits: Getty Images, Alamy
6页	©Getty Images
9、10页	©Time & Life Pictures/Getty Images
13页	©IWM via Getty Images
15、17页	©Getty Images
19、23页	©IWM via Getty Images
24、27页	©Getty Images
29页	©UIG via Getty Images
30、35、40、41、45页	©Getty Images
47页	©Mondadori via Getty Images
48页	©Getty Images
51页	©Popperfoto/Getty Images
55页	©Roger Viollet via Getty Images
56页	©UIG via Getty Images
58页	©Mondadori via Getty Images
63页	©Getty Images
64页	©IWM via Getty Images
67页	©Alamy
71、73、75、77、79、87页	©Getty Images
89页	©Alamy
93页	©Getty Images
95页	©Mondadori via Getty Images
97页	©Getty Images
99页	©Alamy
103、105、107、109、111、112、117页	©Getty Images
119页	©Alamy
121、123页	©Mondadori via Getty Images
127页	©Getty Images
129页	©Popperfoto via Getty Images
131、135、137、141、143页	© Getty Images
147页	©Time & Life Pictures via Getty Images
148、153页	©Getty Images
157页	©IWM via Getty Images
159、163页	©Getty Images
167页	©Time & Life Pictures via Getty Images
175页	©Getty Images